합격의 지름길

청소년지도사
면접시험 2·3급

(사)청소년과 미래 편

면접준비 · 과목별 주요내용 · 면접질문 · 최근 3년간 기출문제

학지사

　여러분은 어떠한 이유로 청소년지도사가 되려고 하시나요? 청소년 또는 청소년지도에 관심이 있으신가요? 대학에서 청소년 관련 학문을 전공하고 계신가요?

　이 책을 보고 계시는 여러분이 어떠한 이유나 동기로 청소년지도사가 되고 싶어 하시는지 궁금합니다. 청소년지도사가 되려는 이유는 각자 다르겠지만, 우선 청소년지도사 자격증을 취득해야 하기 때문에 이 책을 들여다보고 계실 겁니다.

　그렇다면 청소년지도사가 무엇일까요? 무슨 일을 하는 사람일까요? 왜 존재해야 할까요? 갑자기 면접질문을 하는 것처럼 들릴 수 있겠지만 이 질문에 대한 답은 여러분 각자가 준비하고 있어야 합니다. 꼭 면접시험에 합격하기 위해서라기보다 청소년지도사로서 현장에 가더라도 주위 상황에 흔들리지 않고 이 길을 곧게 가기 위함입니다.

　또한 청소년지도사 자격검정을 준비하는 분이라면 청소년지도사 자격증을 왜 취득하려고 하는지에 대한 고민이 먼저 이루어져야 합니다. 청소년지도사 자격증은 단지 소장 가치만으로 존재하는 것이 아니라, 미래 대비용으로의 용도가 아니라 자격증을 가지고 청소년현장으로 나가야 하기 때문입니다.

　지역마다 상황은 다르겠지만 지방의 경우, 청소년수련시설에서 청소년지도사를 구하기가 어려워 시설마다 고충을 토로하기도 합니다. 실제로, 해당 지역에 청소년지도사 자격증 소지자가 적지 않으나 청소년현장에서 근무하지 않는 경우도 꽤 있기 때문입니다. 각자의 사정과 상황을 모두 살필 수는 없으나 청소년지도사 자격증이 소장용이 아닌 실재 현장에서 빛을 발하는 전문 자격증으로서의 역할을 충분히 할 수 있으면 하는 바람입니다.

　이러한 바람을 담아 이 책을 집필하게 되었습니다. 서두에 너무 무거운 질문으로 시작했는지는 모르겠습니다만, 그만큼 청소년지도사 자격증 취득을 준비하는 분들이 '합격하면 그만이지'라는 생각보다는 열심히 준비해서 합격할 뿐 아니라 공부한 내용들을 잘 기억해서 현장에 적용해 봐야겠다는 다짐도 함께 하면 좋겠다는 바람 역시 가져 봅니다.

　이 책은 총 4부로 이루어져 있습니다. 제1부는 '면접준비', 제2부는 '청소년지도사로서의 가치관 및 철학', 제3부는 '과목별 주요내용', 제4부는 '최근 3년간 기출문제'로 구성되어 있습니다. 제1부에서는 청소년지도사 자격검정에 대한 대략적인 소개와 면접 자세를 안내하였고, 제

2부에서는 청소년지도사의 개념, 청소년지도사가 되고 싶은 이유 등에 대한 질문과 답안을 제시하였으며, 제3부에서는 8개 검정과목별(2급 기준) 주요 내용에 따른 질문과 답을 제시하였습니다. 그리고 마지막 제4부에서는 최근 3년간(2019~2022)의 기출문제를 다루었습니다.

또한 청소년지도사 면접시험의 평가항목인 청소년지도사로서의 가치관 및 정신자세, 용모·예의·품행 및 성실성, 의사발표의 정확성 및 논리성, 청소년에 관한 전문지식과 그 응용능력, 창의력·의지력 및 지도력의 5개 항목을 제1부부터 제4부까지 적용하여 제시하였습니다.

청소년지도사 면접시험은 2급과 3급 모두 해당되며, 2급은 총 8개 과목으로, 3급은 총 7개 과목으로 구성되어 있습니다. 3급의 경우 2급 과목에서 '청소년복지' 과목만 제외되므로, 이 책은 2급과 3급 응시자 여러분에게 면접시험 대비를 위한 수험서로 사용할 수 있습니다.

이 책은 다음과 같은 특징이 있습니다. 첫째, 과목별로 중첩되는 내용이 있어 질문 역시 중첩되는 질문을 제시하였는데 학습 시에 반복 효과가 있어 지식습득에 도움이 될 것입니다. 둘째, 시대적인 흐름을 반영한 질문 및 사회적 이슈를 포함한 질문과 답안을 선별하여 제시하였습니다. 셋째, 동일한 내용이더라도 면접관에 따라 다양하게 질문할 수 있어 이를 대비할 수 있도록 특정 질문들은 유사 질문을 추가하였습니다. 넷째, 응시자 본인의 생각을 묻는 질문에서는 복수의 답안을 제시하여 수험생 여러분이 본인의 스토리를 구성하는 데 참고가 될 수 있도록 하였습니다.

이러한 특징을 잘 활용하여 학습하시되, 지식에 대해서는 정확하게 암기를 하시고, 각자의 경험이나 사례를 묻는 질문에서는 본인의 언어로 답안을 작성하여 기억해 두는 것이 중요합니다.

아무쪼록 최선을 다하셔서 이 책을 보는 여러분 모두에게 합격의 행운이 있으시기를 기원합니다.

엮은이 일동

청소년지도사란?

정의

- 국가에서 실시하는 청소년지도사 자격검정에 합격하고 청소년지도사 연수기관에서 실시하는 연수과정을 마쳐서 '청소년지도사' 자격증을 취득한 사람(「청소년기본법」 제21조 제1항)
- 청소년들의 조화로운 성장과 발달을 위해 청소년활동(프로그램) 등을 제공·지원하는 일을 하는 사람으로서 국가자격을 취득한 사람

직무

- 청소년지도사는 현장에서 주로 청소년활동을 통해 청소년지도 업무를 수행함
- 국가직무능력표준(NCS)에 제시된 청소년지도사의 대표적인 직무인 '청소년활동'을 중심으로 살펴보면, ① 청소년사업 기획, ② 청소년프로그램 기획 및 설계, ③ 청소년프로그램 실행, ④ 청소년프로그램 평가, ⑤ 자원봉사활동 운영, ⑥ 청소년자치활동 운영, ⑦ 청소년생활지도, ⑧ 청소년기관 행정지원, ⑨ 협업체계 구축·운영, ⑩ 청소년활동정보관리, ⑪ 청소년활동 안전·위생관리, ⑫ 지도자 교육훈련, ⑬ 청소년권익증진활동 지원, ⑭ 청소년현장실습지도, ⑮ 청소년조사연구, ⑯ 청소년수련활동 인증 및 신고, ⑰ 청소년교류활동 지도, ⑱ 청소년동아리활동 운영에 관한 업무를 중심으로 수행함

능력단위	능력단위요소	능력단위	능력단위요소
청소년사업 기획	전년도 사업성과 분석하기	청소년활동 정보관리	청소년활동정보 수집 및 정리하기
	상황 분석하기		청소년활동정보 활용하기
	사업방향 결정하기		청소년활동정보 사후관리하기
	사업계획서 작성하기	청소년활동 안전 · 위생관리	안전관리 계획 수립하기
청소년 프로그램 기획 및 설계	자료 조사 · 분석하기		안전 교육하기
	프로그램 기획하기		안전 점검하기
	프로그램 마케팅 계획 수립하기		안전사고 발생 시 대처하기
	프로그램 운영계획안 수립하기	지도자 교육훈련	교육훈련 요구 분석하기
청소년 프로그램 실행	청소년지도자 교육하기		교육훈련 계획하기
	참여자 모집하기		교육훈련 실행하기
	프로그램 환경 조성하기		교육훈련결과 평가 및 환류하기
	프로그램 실행하기	청소년권익증진 활동 지원	청소년 관련 이슈 선정하기
청소년 프로그램 평가	평가계획 수립하기		실천전략 수립하기
	평가도구 개발하기		연대협력 구축하기
	평가 실시하기		청소년권익증진활동 실천하기
	평가 및 환류결과 활용하기		청소년권익증진활동 평가하기
자원봉사활동 운영	자원봉사활동 운영계획 수립하기	청소년현장 실습지도	현장실습지도계획 수립하기
	자원인력 모집 · 교육 · 운영하기		실습생 선발 및 교육하기
	자원인력 슈퍼비전하기		현장실습 지도하기
	자원봉사활동 평가관리하기		현장실습생 슈퍼비전하기
청소년 자치활동 운영	청소년자치활동 사업계획 수립하기		현장실습결과 평가하기
	청소년지도인력 교육하기	청소년조사연구	청소년 특성 분석하기
	청소년 참여자 모집하기		청소년사업 분석하기
	청소년자치활동 지원하기		청소년유관정책 파악하기
	청소년자치활동 평가하기		연구결과 활용하기
청소년 생활지도	생활지도 계획하기	청소년수련활동 인증 및 신고	인증프로그램 기획운영하기
	생활지도 실행하기		인증프로그램 평가와 사후관리하기
	생활지도 관리하기		
청소년기관 행정지원	행정업무 지원하기		청소년수련활동 사전 신고하기

	시설관리업무 지원하기	청소년교류활동 지도	국내외 교류사업 운영계획 수립하기
	기관운영위원회 관리하기		국내외 기관연계하기
	기관평가 대응하기		국내외 교류사업 운영하기
	기관 진단 · 보완하기		국내외 교류사업 성과평가하기
협업체계 구축 · 운영	사업계획 수립하기	청소년동아리활동 운영	청소년동아리활동계획 수립하기
	지역자원 파악하기		청소년지도인력 교육하기
	연계자원 조성하기		청소년동아리활동 모집하기
	협업체계 운영 · 관리하기		청소년동아리활동 지원하기
	협업체계 평가하기		청소년동아리활동 평가하기

*능력단위: 업무를 수행하기 위해 요구되는 능력

**능력단위요소: 능력단위를 구성하는 주요 핵심 하위능력

출처: 국가직무능력능력표준(NCS) 홈페이지[1]

지격 취득 후 진로

- 청소년기관 · 단체 · 시설에 근무를 하게 되며, 특히 전국에 있는 청소년수련시설들은 청소년지도사 자격소지자를 의무적으로 배치하도록 되어 있어 청소년지도사에 대한 수요는 증대될 것으로 예상됨

1) https://www.ncs.go.kr/unity/hmn01/hmn0101/ncsResultSearch.do?dutySvcNo=SVC201900046&ncsClCd=070202
0115_18v2&ncsLclasCd=07&ncsMclasCd=02&ncsSclasCd=02&ncsSubdCd=01&ncsCompeUnitCd=15&doCompeUnit=false&output=ncsRsnInfo (다운로드 2023. 1. 10.)

청소년지도사 양성체계

자격검정	자격연수	배치 · 활동	보수교육
한국산업인력공단	한국청소년활동진흥원	청소년시설 및 단체	한국청소년활동진흥원

자격검정

원서접수(인터넷)
⬇
필기시험
(1 · 2 · 3급 경력자 응시)

1급(주 · 객관식) 5과목
2급(객관식) 8과목
3급(객관식) 7과목
⬇
응시자격 서류심사
⬇
면접시험(2 · 3급 응시자)
⬇
합격결정

자격연수

자격검정 합격결정자 대상
(30시간 이상)
⬇
결격 사유 조회
⬇
자격증 발급
⬇
자격진위 여부 확인
(배치 · 활용시)

배치 · 활동

배치 대상, 기준

• 수련시설
  유형별, 정원별 기준
• 청소년단체
  청소년회원 수 기준

보수교육

보수교육 대상기관 및
청소년지도사 등록
(청소년지도사종합정보시스템)

• 대상
  청소년기관 · 단체의 종
  사하는 청소년지도사 자
  격취득자
• 시간: 15시간(2박 3일)
• 2년에 1회 의무교육

* 청소년지도사 자격증 취득과정은 자격검정, 자격연수까지이며, 자격증 취득 후 청소년기관 · 단체 · 시설에 근무하게 될 경우, 배치 · 활동, 보수교육으로 이어지게 됨

출처: 한국청소년활동진흥원 홈페이지[2]

2) https://www.kywa.or.kr/leader/leader8.jsp (다운로드 2023. 1. 10.)

　이 책은 면접시험의 평가항목을 중심으로 그 내용을 구성하였습니다. 따라서 5개의 평가항목에 대한 주요 영역인 면접전반, 가치 및 철학, 지식의 3가지 구분에 따라 제1부 면접준비에서는 면접전반의 내용을, 제2부~제4부는 면접질문으로, 제2부는 청소년지도사로서의 가치 및 철학, 제3부는 과목별 주요내용, 제4부는 최근 3년간 기출문제를 다루었습니다. 제1부의 내용은 면접에 임하는 대략적인 준비이므로 편안하게 읽어 보시고, 제2부의 내용부터 제4부까지의 내용은 질문과 답이 제시되어 있으므로 꼼꼼히 반복적으로 학습하시기 바랍니다.

　과목별로 중복되는 내용(질문)이 있으며, 이 경우 답안의 내용을 모두 통일하였습니다.

　2급과 3급의 질문은 유사할 수 있으며, 다만 동일 주제의 질문이더라도 2급은 좀 더 깊이 있는 질문을 하기 때문에 2급 응시자는 3급 응시자에 비해 좀 더 많은 지식이 필요합니다.

　이 책에 제시된 질문의 순서와 답안은 주로 학지사에서 출판한 청소년학총서 시리즈 총 8권 (과목)의 내용으로 작성하였습니다. 이 책 외에 추가적인 학습을 희망하는 분은 청소년학총서 시리즈를 참고하시기 바랍니다.

평가항목	주요영역		
	면접전반	가치, 철학	*전문지식
1. 청소년지도사로서의 가치관 및 정신자세	◉	◉	
2. 용모 · 예의 · 품행 및 성실성	◉		
3. 의사발표의 정확성 및 논리성	◉		
4. 청소년에 관한 전문지식과 그 응용능력			◉
5. 창의력 · 의지력 및 지도력		◉	

*2급 8개 과목, 3급 7개 과목

　개정된 「행정기본법」의 만 나이 시행(2023. 6. 28.)에 따라 이 책에 제시된 모든 연령은 만 나이를 의미합니다. 단, '연 나이', 즉 '법령에서의 19세 미만(19세가 되는 해의 1월 1일을 맞이한 사람은 제외한다)' 등과 같은 경우는 그대로 기술하였으니 참고하시기 바랍니다.

차례

제1부

면접준비

청소년지도사의 자격검정은 필기시험과 면접시험으로 구분하여 실시된다. 필기시험은 응시자격을 갖춘 경우에 응시할 수 있으며(「청소년기본법 시행령」 제20조 제3항), 대학에서 시험과목 전과목을 전공으로 이수하거나 온라인으로 학점이수하는 경우에는 필기시험이 면제된다. 따라서 대학의 수업으로 이수한 경우에는 면접시험이 합격의 당락을 결정하기 때문에 매우 중요하다고 할 수 있다.

■ 청소년 기본법 시행령 [별표 2]

청소년지도사 자격검정의 과목 및 방법(제20조 제3항 관련)

구분	검정과목	검정방법	
1급	청소년연구방법론, 청소년 인권과 참여, 청소년정책론, 청소년기관 운영, 청소년지도자론	주관식 · 객관식 필기시험	
2급	청소년육성제도론, 청소년지도방법론, 청소년심리 및 상담, 청소년문화, 청소년활동, 청소년복지, 청소년프로그램 개발과 평가, 청소년문제와 보호	객관식필기시험	면접 (3급 청소년지도사 자격증 소지자는 면접시험 면제)
3급	청소년육성제도론, 청소년활동, 청소년심리 및 상담, 청소년문화, 청소년지도방법론, 청소년문제와 보호, 청소년프로그램 개발과 평가	객관식필기시험	면접

비고: 청소년지도사 자격검정 과목과 관련된 전공과목의 인정 범위는 여성가족부장관이 별도로 정하여 고시한다.

■ 청소년 기본법 시행령 [별표 1]

청소년지도사 자격검정의 등급별 응시자격 기준(제20조 제3항 관련)

등급	응시자격 기준
1급 청소년지도사	2급 청소년지도사 자격 취득 후 청소년활동 등 청소년육성업무에 종사한 경력이 3년 이상인 사람
2급 청소년지도사	1. 대학 졸업(예정)자 또는 이와 같은 수준 이상의 학력이 있는 사람으로서 2급 청소년지도사 자격검정에 필요한 과목 모두를 전공과목으로 이수한 사람 2. 2005년 12월 31일 이전에 대학을 졸업하였거나 이와 같은 수준 이상의 학력을 취득한 사람으로서 별표 1의2에 따른 과목을 이수한 사람 3. 대학원의 학위과정 수료(예정)자로서 2급 청소년지도사 자격검정에 필요한 과목 모두를 전공과목으로 이수한 사람

	4. 2005년 12월 31일 이전에 대학원의 학위과정을 수료한 사람으로서 별표 1의2에 따른 과목 중 필수영역 과목을 이수한 사람
	5. 대학 졸업 또는 이와 같은 수준 이상의 학력이 있다고 다른 법령에서 인정받은 후 청소년활동 등 청소년육성업무에 종사한 경력이 2년 이상인 사람
	6. 전문대학 졸업 또는 이와 같은 수준 이상의 학력이 있다고 다른 법령에서 인정받은 후 청소년활동 등 청소년육성업무에 종사한 경력이 3년 이상인 사람
	7. 3급 청소년지도사 자격 취득 후 청소년활동 등 청소년육성업무에 종사한 경력이 2년 이상인 사람
	8. 고등학교 졸업 또는 이와 같은 수준 이상의 학력을 인정받은 후 청소년활동 등 청소년육성업무에 종사한 경력이 8년 이상인 사람
3급 청소년지도사	1. 전문대학 졸업(예정)자 또는 이와 같은 수준 이상의 학력이 있는 사람으로서 3급 청소년지도사 자격검정에 필요한 과목 모두를 전공과목으로 이수한 사람
	2. 2005년 12월 31일 이전에 전문대학을 졸업하였거나 이와 같은 수준 이상의 학력을 취득한 사람으로서 별표 1의2에 따른 과목을 이수한 사람
	3. 전문대학 졸업 또는 이와 같은 수준 이상의 학력이 있다고 다른 법령에서 인정받은 후 청소년활동 등 청소년육성업무에 종사한 경력이 2년 이상인 사람
	4. 고등학교 졸업 또는 이와 같은 수준 이상의 학력이 있다고 다른 법령에서 인정받은 후 청소년활동 등 청소년육성업무에 종사한 경력이 3년 이상인 사람

비고

1. 청소년활동 등 청소년육성업무 종사경력의 인정 범위와 내용은 여성가족부장관이 별도로 정하여 고시한다.

2. 2급 청소년지도사 자격증을 소지하고 대학원에서 1급 자격검정에 필요한 과목을 전공과목으로 이수한 석사학위 소지자 또는 박사학위 소지자는 각각 2년 또는 3년의 경력을 가진 것으로 인정한다.

3. 제18조에 따른 청소년지도자 연수 등 청소년육성 관련 연수 또는 교육을 받은 경우 그 내용에 따라 점수로 환산하여 청소년지도사 자격 취득에 필요한 청소년활동 등 청소년육성업무 종사경력으로 인정할 수 있다. 이 경우 연수 및 교육을 받은 사람의 경력환산 점수는 여성가족부장관이 별도로 정하여 고시한다.

4. 고등학교, 대학, 전문대학 및 대학원이란 각각 「초·중등교육법」 제2조제4호에 따른 고등학교, 「고등교육법」 제2조제1호·제4호에 따른 대학·전문대학, 「고등교육법」 제29조에 따른 대학원을 말한다.

면접시험 채점항목

면접시험은 총 5개 항목에 항목별 3점씩 총 15점을 부여하게 된다. 구체적으로 살펴보면, ① 청소년지도사로서의 가치관 및 정신자세, ② 용모·예의·품행 및 성실성, ③ 의사발표의 정확성 및 논리성, ④ 청소년에 관한 전문지식과 그 응용능력, ⑤ 창의력·의지력 및 지도력으로 구분된다. 각 항목별로 최고점 3점, 최저점 1점을 부여하게 되며, 평균 10점 이상이어야 하며, 3인의 면접위원 중 2인 이상이 한 항목이라도 1점으로 평정할 경우에는 평균점수와 관계없이 불합격이 된다.

「청소년지도사 자격검정 및 연수 규정」

제28조(면접시험) ① 인력공단 이사장이 위촉한 면접시험위원 3인은 각 평가사항과 기준점수가 명시된 별도의 면접시험 채점표에 따라 면접자를 평가한다.
② 면접시험의 합격기준은 면접시험위원 전원의 면접시험평정점수 합계를 평균하여 10점 이상을 얻은 자를 합격자로 한다. 다만, 면접시험위원의 2인 이상이 어느 하나의 평가항목에 대하여 "하(1점)"로 평정한 때에는 평균점수와 관계없이 불합격으로 한다.

〈청소년지도사 면접시험 채점표〉

평 가 항 목	평정기준점수			평정점수
1. 청소년지도사로서의 가치관 및 정신자세 ㅇ청소년에 대한 기본적 이해 ㅇ사명감 및 지도철학 ㅇ사회적 책임과 의무	상:3점	중:2점	하:1점	
2. 용모·예의·품행 및 성실성 ㅇ사용 용어의 적절성 ㅇ자질 및 태도 ㅇ성실한 답변을 위한 노력도	상:3점	중:2점	하:1점	
3. 의사발표의 정확성 및 논리성 ㅇ질문내용에 대한 이해 및 답변의 정확성 ㅇ논리적인 의사표현 능력 ㅇ원활한 의사소통을 위한 전문성	상:3점	중:2점	하:1점	
4. 청소년에 관한 전문지식과 그 응용능력 ㅇ청소년 관련 법령 및 정책에 대한 이해 ㅇ청소년 분야에 대한 기초 및 전문지식 ㅇ청소년활동 프로그램에 대한 이해 및 운영 능력	상:3점	중:2점	하:1점	
5. 창의력·의지력 및 지도력 ㅇ환경 변화에 따른 창의적인 청소년지도 능력 ㅇ긴급 위기 상황 발생 시 문제해결 및 대처 능력 ㅇ개인적 역량강화 및 발전 방안	상:3점	중:2점	하:1점	

합 계	
면접시험위원 서명	성명 : (인)

면접 자세

면접은 집단면접으로 이루어지며 응시자 3~5명씩 1조로 하고, 3인의 면접위원이 면접을 진행하게 된다. 1조의 응시자 인원수는 총 면접 인원수 및 면접장소(지역) 등의 상황에 따라 최소 3명, 최대 5명이 한 조를 이루게 된다.

옷차림

청소년지도사는 청소년을 전문적으로 지도하는 사람이기 때문에 청소년들 앞에서 모범적인 모습을 보일 수 있어야 한다. 따라서 청소년지도사 면접시험에서도 청소년들에게 본을 보일 수 있는 옷차림을 갖출 수 있어야 한다. 구체적으로 살펴보면 다음과 같다.

- 다른 사람들 가운데 유난히 눈에 띄는 색상 및 디자인의 옷을 피해야 한다.
- 짧은 반바지, 짧은 치마, 노출이 심한 옷 등 타인의 눈살을 찌푸리는 옷차림은 피해야 한다.
- 청바지, 모자, 트레이닝복 등 무례하게 보이는 옷차림 역시 피해야 한다. 운동화는 단정하게 보일 수 있는 정도라면 괜찮다.
- 단정하게 입거나 정장 차림이 가장 좋다. 정장이라고 해서 넥타이까지 다 갖춰야 하는 것은 아니며 세미정장 정도도 괜찮다.
- 바닥에 닿을 때마다 소리가 나는 신발이나 여성의 경우, 너무 높은 굽의 구두는 피해야 한다.
- 대단히 좋은 옷을 입는다기보다 면접을 위해 성의 있게 준비했다는 정도로 옷차림을 하면 된다.

태도

첫인상은 무의식적으로 그 사람을 평가하는 중요한 수단이 되기도 한다. 만약 면접에 임하는 응시자가 다른 응시자보다 너무 빠른 걸음으로 면접관 앞에 혼자 미리 앉는다면, 계속 앞을 쳐다보지 못하고 바닥만 보고 있다면, 다리를 계속 떨고 있다면 이 사람의 결과는 어떻게 될까? 설상가상으로 이 사람이 청소년지도사가 된다면, 문제행동을 일으키는 청소년들을 어떻게 지도하게 될까?

앞서 기술한 옷차림에서와 같이 다른 응시자와 달리 혼자 튀는 행동, 돌발행동을 해서는 안 된다. 너무 떨리고 어쩔 줄 모를 것 같은 상황이더라도 아무렇지도 않은 듯 편안하게 면접관을 마주할 수 있어야 한다. 면접에 임하는 태도를 구체적으로 제시하면 다음과 같다.

- 환한 표정으로 자리에 앉는다. 너무 긴장되어 얼굴이 빨개진 채로 있거나, 너무 걱정스러운 표정이거나 굳은 표정은 상대방으로 하여금 불편하게 한다.
- 환한 표정이되 혼자 실실거리는 표정은 금물이다. 진지하게 임해야 하는 상황에서 자칫 면접을 가볍게 생각하는 것으로 오해받을 수 있다.
- 신체를 (계속) 움직이는 것은 금물이다. 몸을 흔들거나, 다리를 떨거나 눈을 자주 깜빡이는 행위는 적절치 않다.
- 면접관이 질문을 할 때 면접관을 쳐다봐야 하지만 뚫어지게 보거나 위아래로 훑어봐서는 안 된다.
- 면접관을 쳐다보기가 어려울 때에는 눈 밑에 코나, 목 등 눈 아래 부분을 잠시 바라보는 것도 나쁘지 않다.

답변할 때의 태도

면접관의 질문에 답을 할 때에는 간단명료하게 답하는 것이 좋다. 내용은 없는 채로 빙빙 돌려서 답을 하거나 질문과 상관없는 말들로 답을 하는 것은 매우 부적절하다. 무조건 말을 많이 한다고 해서 합격하는 것이 아니다.

- 핵심만 일목요연하게 답한다.

- 작은 목소리로 흐물흐물하게 답하기보다 자신 있고 또렷하게 큰 목소리로 답한다.
- 답을 하는 중에 실수하더라도 웃거나 습관적인 행동(예: 표정이 갑자기 바뀌거나 손으로 신체를 치는 등)을 해서는 안 된다. 실수할 수 있다. 다만 실수한 부분을 정정하여 다시 말하면 된다. 실수했다고 불합격되는 것은 아니다. 유창할 필요는 없다.
- 만약 면접관의 질문을 잘 못 들었다면, '다시 한번 질문해 주시겠습니까?' 질문에 대한 답을 하지 못했다면, '죄송하지만 다른 질문을 주시면 안 되겠습니까?' 등으로 되물을 수 있다.

어떤 상황(질문)이든 튀지 않고, 편안하게!!!

면접관은 여러분을 떨어뜨리기 위해 있는 사람이 아니다. 응시자들이 조금 더듬거리거나 유창하게 답을 하지 못하더라도 그 뜻이 전달되었다면 점수를 높게 부여하기도 하고, '그래도 이 정도라면 점수를 줄 수 있겠다'는 등 응시자들의 상황(?)을 일부 살피기도 한다.

국가자격 시험(면접)을 보는 사람은 누구나 떨릴 수밖에 없다. 다만 그 와중에 튀지 않고, 편안하게 답을 할 수 있다면 이 사람이 합격할 가능성이 높다.

다른 사람보다 더 멋진 답을 하기 위해 본인만 튀는 답을 하거나 옆에 있는 다른 응시자가 못한 답을 본인이 답해 보겠다고 하는 것이 적극적인 면(긍정적)으로 볼 수도 있으나, 자칫 면접관의 눈에는 자신만 아는 이기적인 사람으로 비쳐질 수도 있다.

유창하게 답을 해야만 합격하는 것은 아니다. 면접시험 준비를 했다면, 자신이 아는 범위 내에서 최선을 다하는 모습을 보이는 것이 합격의 지름길이다.

청소년지도사가 어떤 사람인지 깊이 생각해 본다면 합격할 수 있을 것이다!!! 파이팅!!!

제2부

청소년지도사로서의
가치관 및 철학

청소년지도사가 무엇을 하는 사람이라고 생각하는가?

나의 답변

_____

_____

_____

모범 답안

청소년지도사는 청소년들의 성장과 발달을 지원하기 위해 프로그램 개발 및 운영 등을 통해 청소년들을 전문적으로 지도하는 사람이라고 생각한다.

02 청소년지도사는 학교 교사, 사회복지사와 어떤 차이가 있는가?

나의 답변

_____

_____

_____

_____

_____

_____

모범 답안

청소년지도사가 지도하는 대상은 학교 소속 여부와 상관없이 9세부터 24세까지 해당하는 모든 청소년으로, 이들의 조화로운 성장과 발달을 위해 지도하는 것이다. 이와는 달리 '학교 교사'는 학교에 소속되어 있는 학생인 청소년만 지도하며, 주로 지적인 영역의 발달(성적, 입시 등)을 담당한다.

청소년지도사는 모든 청소년을 대상으로 조화로운 성장과 발달에 필요한 프로그램을 제공하지만, '사회복지사'는 청소년들 중에서도 돌봄과 복지가 필요한 청소년을 대상으로 관련 서비스를 제공한다.

03 청소년지도사가 되려는 이유는 무엇인가?

나의 답변

_____

_____

_____

_____

_____

_____

_____

_____

_____

_____

_____

_____

_____

모범 답안

나는 중·고등학교를 다니던 당시에 학교가 별로 재미없었고, 존재감 없이 학교를 오가기만 했으며, 선생님의 관심도 별로 받지 못했었다. 그런데 동네에 있는 청소년문화의집에 우연히 들르게 되었는데, 그곳에 계신 선생님이 나에게 관심을 가져주고, 친구들을 사귀게 되면서 그 전과는 달리 활발하고 적극적인 리더십이 있는 사람으로 바뀌게 되었다. 그래서 나도 나중에 청소년시설에서 근무하면 좋겠다고 생각했는데, 청소년문화의집 선생님에게 물으니 청소년지도사가 되면 된다고 해서 그동안 준비해서 이렇게 지원하게 되었다.

참고: 이와 같은 질문은 본인이 정말 청소년지도사가 되려는 진심이 담긴 내용을 전달하면 된다. 해당 답안은 예시이므로 참고 정도로 봐야 한다.

04 어떤 청소년지도사가 되고 싶은가?

나의 답변

모범 답안

청소년들을 대변해주는 청소년지도사가 되고 싶다. 청소년들은 어른들이 자신을 이해해주지 않는다고 생각하는 경우가 많다. 청소년지도사가 되어서 다른 어른들과 얘기를 하게 되더라도, 또는 지역사회에서 청소년과 관련한 의견을 낼 때에 청소년의 목소리를 대변해 줄 수 있는 그런 청소년지도사가 되고 싶다. 청소년들이 의지할 수 있는 그런 어른, 청소년지도사가 되고 싶다.

05 청소년수련시설을 방문해 본 적이 있다면, 어떠했는지 그때의 느낌이나 들었던 생각을 말해 보시오.

나의 답변

모범 답안

청소년수련관과 청소년문화의집에 몇 차례 들른 적이 있는데, 청소년수련관은 매우 큰 규모였고, 청소년문화의집은 청소년수련관에 비해 작은 규모였다. 특히 청소년문화의집은 작은 규모였지만 인근 초등학교 아이들이 방과 후에 몰려와서 여러 시설을 이용하고 노는 모습이 자유롭고 좋아 보였다. 그리고 아이들과 소소하게 일상을 나누는 청소년지도사 선생님도 대단해 보였다.

제**3**부

과목별 주요내용

현재 시행되고 있는 청소년 관련 법, 정책, 제도 전반을 학습하는 과목으로, 특히 청소년정책기본계획과 청소년 관련 법령을 통해 현재 이루어지고 있는 청소년정책과 제도를 다루는 과목이다.

「청소년기본법」관련 문항

01 청소년활동의 법적 개념을 말해 보시오.

나의 답변

모범 답안

청소년의 균형 있는 성장을 위하여 필요한 활동과 이러한 활동을 소재로 하는 수련활동 · 교류활동 · 문화활동 등 다양한 형태의 활동을 말한다.

「청소년기본법」 제3조 제3호

02 청소년지도자란 무엇인가?

나의 답변

모범 답안

청소년지도사, 청소년상담사, 청소년시설, 청소년단체 및 청소년 관련 기관에서 청소년육성에 필요한 업무에 종사하는 사람을 말한다.

「청소년기본법」 제3조 제7호

03 청소년특별회의는 무엇인가?

나의 답변

모범 답안

청소년특별회의는 17개 시·도 청소년과 청소년 분야의 전문가가 토론과 활동을 통해 청소년이 바라는 정책 과제를 발굴하고, 정부에 제안하여 정책화하는 전국 규모의 청소년참여기구이다.

04 제7차 청소년정책기본계획의 비전을 말해 보시오.

나의 답변

모범 답안

디지털 시대를 선도하는 글로벌 K–청소년

05 청소년방과후아카데미를 설명해 보시오.

나의 답변

모범 답안

청소년방과후아카데미는 여성가족부와 지방자치단체에서 공적 서비스를 담당하는 청소년수련시설(청소년수련관, 청소년문화의집 등)을 기반으로 청소년의 건강한 방과 후 생활과 삶의 질 향상을 위해 가정이나 학교에서 체험하지 못했던 다양한 청소년활동 프로그램 및 청소년생활 관리 등 청소년을 위한 종합 돌봄 서비스를 지원하는 국가정책 지원사업을 의미한다.

「청소년활동진흥법」 관련 문항

01 청소년수련활동을 설명해 보시오.

나의 답변

모범 답안

'수련활동'은 "청소년이 청소년활동에 자발적으로 참여하여 청소년 시기에 필요한 기량과 품성을 함양하는 교육적 활동으로써 청소년지도자와 함께 청소년수련거리에 참여하여 배움을 실천하는 체험활동"을 의미한다.

「청소년활동진흥법」 제2조 제3호

02 청소년문화활동이 무엇인지 말해 보시오.

나의 답변

모범 답안

'문화활동'은 "청소년이 예술활동, 스포츠활동, 동아리활동, 봉사활동 등을 통하여 문화적 감성과 더불어 살아가는 능력을 함양하는 체험활동"을 의미한다.

「청소년활동진흥법」 제2조 제5호

03 청소년교류활동이 무엇인지 말해 보시오.

_____

_____

_____

모범 답안

'교류활동'은 "청소년이 지역 간, 남북 간, 국가 간의 다양한 교류를 통하여 공동체 의식 등을 함양하는 체험활동"을 말한다.

「청소년활동진흥법」 제2조 제4호

04 숙박형 청소년활동을 설명해 보시오.

_____

_____

_____

_____

모범 답안

19세 미만의 청소년(19세가 되는 해의 1월 1일을 맞이한 사람은 제외한다.)을 대상으로 청소년이 자신의 주거지에서 떠나 청소년수련시설 또는 그 외의 다른 장소에서 숙박·야영하거나 청소년수련시설 또는 그 외의 다른 장소로 이동하면서 숙박·야영하는 청소년수련활동을 말한다.

「청소년활동진흥법」 제2조 제7호〉

참고 : 19세 미만의 청소년(19세가 되는 해의 1월 1일을 맞이한 사람은 제외한다)이란 만 19세가 되는 해의 1월 1일부터는 생일이 언제인지 상관없이 19세로 인정하는 것으로 '연 나이' 19세 미만을 의미한다(법에서는 '연 나이'라는 표현을 쓰지 않음). 따라서 숙박형 청소년활동은 연 19세 미만의 청소년일 경우에 해당된다.

05 비숙박형 청소년활동이 무엇인지 말해 보시오.

나의 답변

"비숙박형 청소년수련활동"이란 19세 미만의 청소년을 대상으로 청소년수련시설 또는 그 외의 다른 장소에서 실시하는 청소년수련활동으로써 실시하는 날에 끝나거나 숙박 없이 2회 이상 정기적으로 실시하는 청소년수련활동을 말한다.

「청소년활동진흥법」 제2조 제8호

참고: 비숙박형 청소년활동은 숙박형 청소년활동과 마찬가지로 연 19세 미만의 청소년일 경우에 해당된다.

06 청소년운영위원회가 무엇인지 말해 보시오.

나의 답변

청소년수련시설의 사업, 프로그램 운영과 관련된 의사결정 과정에 청소년이 참여할 수 있도록 설치 · 운영되고 있는 참여기구이다.

07 한국청소년활동진흥원은 무엇을 하는 기관인지 말해 보시오.

나의 답변

모범 답안

한국청소년활동진흥원은 청소년활동 보장을 위한 대표적인 정책전달체계로, 청소년육성 전반을 관장하는 공공기관이며, 다음과 같은 사업을 수행한다.

① 청소년활동, 청소년복지, 청소년보호에 관한 종합적 안내 및 서비스 제공
② 청소년육성에 필요한 정보 등의 종합적 관리 및 제공
③ 청소년수련활동 인증위원회 등 청소년수련활동 인증제도의 운영
④ 청소년 자원봉사활동의 활성화
⑤ 청소년활동 프로그램의 개발과 보급
⑥ 국가가 설치하는 수련시설의 유지 · 관리 및 운영업무의 수탁
⑦ 국가 및 지방자치단체가 개발한 주요 청소년수련거리의 시범운영
⑧ 청소년활동시설이 실시하는 국제교류 및 협력사업에 대한 지원
⑨ 청소년지도자의 연수
⑩ 숙박형 청소년수련활동 계획의 신고 지원에 대한 컨설팅 및 교육
⑪ 수련시설 종합 안전 · 위생점검에 대한 지원
⑫ 수련시설의 안전에 관한 컨설팅 및 홍보
⑬ 안전교육의 지원
⑭ 그 밖에 여성가족부장관이 지정하거나 활동진흥원의 목적을 수행하기 위하여 필요한 사업

08 청소년수련시설의 유형을 모두 말해 보시오.

나의 답변

모범 답안

① 청소년수련관: 다양한 청소년수련거리를 실시할 수 있는 각종 시설 및 설비를 갖춘 종합수련시설
② 청소년수련원: 숙박기능을 갖춘 생활관과 다양한 청소년수련거리를 실시할 수 있는 각종 시설과 설
  비를 갖춘 종합수련시설
③ 청소년문화의 집: 간단한 청소년수련활동을 실시할 수 있는 시설 및 설비를 갖춘 정보 · 문화 · 예술
  중심의 수련시설
④ 청소년특화시설: 청소년의 직업체험, 문화예술, 과학정보, 환경 등 특정 목적의 청소년활동을 전문
  적으로 실시할 수 있는 시설과 설비를 갖춘 수련시설
⑤ 청소년야영장: 야영에 적합한 시설 및 설비를 갖추고, 청소년수련거리 또는 야영편의를 제공하는
  수련시설
⑥ 유스호스텔: 청소년의 숙박 및 체류에 적합한 시설 · 설비와 부대 · 편익시설을 갖추고, 숙식편의 제
  공, 여행청소년의 활동지원을 기능으로 하는 시설

09 청소년이용시설을 설명해 보시오.

나의 답변

모범 답안

'청소년이용시설'은 청소년활동을 전문적으로 실시하는 곳은 아니지만, 청소년활동을 실시하거나 청소년의 건전한 이용 등에 제공할 수 있는 시설을 말한다. 예를 들면, 박물관, 체육센터, 복지관 등이다.

10 청소년수련활동 인증제(도)가 무엇인지 설명해 보시오.

나의 답변

모범 답안

청소년수련활동 인증제는 청소년수련활동이 청소년의 균형 있는 성장에 기여할 수 있도록 국가 및 지방자치단체 또는 개인, 법인, 단체 등이 실시하고자 하는 청소년수련활동을 인증하고, 인증된 수련활동에 참여한 청소년의 활동 기록을 유지 · 관리 · 제공하는 청소년수련활동 프로그램에 대한 국가인증제도이다.

「청소년복지지원법」관련 문항

01 청소년증이 무엇인지 설명해 보시오.

나의 답변

_____

_____

_____

_____

_____

_____

_____

_____

_____

_____

_____

_____

_____

모범 답안

청소년증은 9세 이상, 18세 이하 청소년들이 학생 여부와 상관없이 본인이 청소년임을 확인하는 신분증을 말한다. 청소년증으로 시험 응시에 따른 신분증, 청소년우대 증표(문화시설 이용료 면제, 할인 등), 교통카드의 용도로 사용할 수 있다. 청소년 본인이나 대리인(친권자, 청소년시설 내 보호자)이 신청 가능하며, 전국 어디서든 가까운 주민센터에서 신청할 수 있다.

02 지역사회 청소년통합지원체계(CYS-Net, 청소년안전망)가 무엇인지 말해 보시오.

나의 답변

모범 답안

청소년을 위한 사회안전망으로 지역사회 내의 활용가능한 자원을 적절히 연계하여 위기 청소년을 효과적으로 돕기 위한 통합지원 네트워크이다. 전국의 청소년상담복지센터가 CYS-Net의 허브 기관으로 청소년문제를 진단 · 평가하고 필요한 서비스를 제공하고 있다.

참고 : 「청소년복지지원법」에는 "지역사회 청소년통합지원체계"라고 명시되어 있으나 청소년 현장에서는 2019년 7월 1일부터 "청소년 안전망"으로 부르고 있다. 영문표기는 그대로 CYS-Net을 사용한다.

03 위기 청소년을 대상으로 하는 특별지원이 무엇인지 설명해 보시오.

[나의 답변]

[모범 답안]

(위기)청소년특별지원은 위기 청소년에 대한 건전한 성장과 정상적 생활을 영위하기 위해 필요한 기초적 여건이 갖추어지지 않아, 사회·경제적 지원이 필요한 청소년 중 다른 제도 및 법에 의한 지원을 받지 못하는 청소년에게 현금 급여 또는 관련 서비스를 직접 지원하는 사업이다. 학교밖, 가정밖 등의 청소년들을 대상으로 생활비 지원, 건강(의료)지원, 학업지원, 자립지원, 상담지원, 법률지원, 청소년활동지원, 후견인 인건비 등을 지원한다.

나의 답변

모범 답안

청소년복지시설의 종류에는 청소년쉼터, 청소년자립지원관, 청소년치료재활센터, 청소년회복지원시설
이 있다. 첫째, '청소년쉼터'는 가정 밖 청소년에 대하여 가정·학교·사회로 복귀하여 생활할 수 있도
록 일정 기간 보호하면서 상담·주거·학업·자립 등을 지원하는 시설을 말한다. 둘째, '청소년자립지
원관'은 일정 기간 청소년쉼터 또는 청소년회복지원시설의 지원을 받았는데도 가정·학교·사회로 복
귀하여 생활할 수 없는 청소년에게 자립하여 생활할 수 있는 능력과 여건을 갖추도록 지원하는 시설이
다. 셋째, '청소년치료재활센터'는 학습·정서·행동상의 장애를 가진 청소년을 대상으로 정상적인 성
장과 생활을 할 수 있도록 해당 청소년에게 적합한 치료·교육 및 재활을 종합적으로 지원하는 거주형
시설을 의미한다. 넷째, '청소년회복지원시설'은 「소년법」 제32조 제1항 제1호에 따른 감호 위탁 처분
을 받은 청소년에 대하여 보호자를 대신하여 그 청소년을 보호할 수 있는 자가 상담·주거·학업·자
립 등 서비스를 제공하는 시설을 말한다.

청소년지도방법론

청소년지도 및 청소년지도자에 대한 이해를 바탕으로 청소년현장에서 청소년들을 어떻게 지도할 것인지에 관해 청소년활동별로 개념, 지도방법, 실제를 다루는 과목이다.

01 청소년지도자의 개념을 설명해 보시오.

나의 답변

_____

_____

_____

_____

_____

_____

_____

_____

_____

_____

_____

_____

모범 답안

"청소년지도자"는 청소년지도사 자격증 소지자, 청소년상담사 자격증 소지자, 그 외 (이 2종의 자격증이 없어도) 청소년시설, 청소년단체 및 청소년 관련 기관에서 청소년육성에 필요한 업무에 종사하는 사람 모두를 포함하는 개념이다.

참고: 청소년지도자는 청소년지도사를 포함하는 더 큰 개념이다!!!

02 청소년지도자(사)의 역할을 3가지 이상 말해 보시오.

나의 답변

모범 답안

프로그램 개발 및 운영자로서의 역할, 변화촉진자로서의 역할, 시설 및 인적 자원 관리 및 동원가로서의 역할, 상담자로서의 역할, 청소년의 권한부여 및 인권옹호자로서의 역할 등이 있다.

03 청소년지도사의 대표적인 직무 3가지 이상 말해 보시오.

나의 답변

모범 답안

청소년사업기획, 청소년프로그램 기획 및 설계, 청소년프로그램 실행, 청소년활동 정보관리, 청소년활동 안전·위생관리, 지도자 교육훈련, 청소년권익 증진활동 지원, 청소년프로그램 평가, 자원봉사활동 운영, 청소년생활지도, 청소년 기관 행정지원, 협업체계 구축 및 운영, 청소년현장 실습지도, 청소년 조사연구, 청소년수련활동 인증 및 신고, 청소년교류활동 지도, 청소년 동아리활동 운영

참고: 위 내용은 NCS(국가직무능력표준)에서의 청소년활동 직무의 능력단위를 제시하였음. 이 능력단위들이 보통 청소년지도사들이 하는 대표적인 직무이기도 함. 위 답안의 직무는 총 18종이며, 이 중 3종을 말하면 됨.

04 청소년지도사에게 필요한 역량을 말해 보시오.

나의 답변

모범 답안

첫째, 인성이다. 청소년지도사는 청소년을 가까이에서 지도하는 전문가로서 때문에 청소년발달에 긍정적인 영향 또는 부정적인 영향을 미칠 가능성이 높기 때문에 인격적인 청소년지도사가 되어야 한다. 둘째, 다문화 인식에 대한 수용적 태도이다. 다문화인구가 증가하고 있기 때문에 청소년지도사는 다문화 청소년과의 관계 형성과 함께 이들을 사회와 연결시켜 주는 매개자이자 소통자로 활동할 수 있어야 한다. 셋째, 성인지 감수성이다. 청소년의 성의식 및 성태도는 성인에 의해 모델링될 가능성이 크고, 성인의 성일탈 및 성범죄를 일상적으로 접할 수밖에 없는 현실이므로 청소년지도사가 청소년들을 지도하는 과정에서 성인지 감수성이 적절히 발휘될 수 있어야 한다.

참고: 청소년지도사에게 필요한 역량은 다양하므로, 모범 답안은 참고 정도로 봐야한다.

05 유비쿼터스 환경(또는 스마트 기기 중심 환경)에서 청소년을 어떻게 지도해야 하는지 말해 보시오.

나의 답변

모범 답안

유비쿼터스 환경에서의 청소년은 기성세대와는 다른 가치관과 문화 그리고 스마트 환경 속에서 생활하고 있다. 청소년은 학교 현장뿐만 아니라 온라인을 포함한 다양한 공간에서 자유롭게 학습하고 활동하고 있다. 이러한 환경에서의 청소년지도를 위한 핵심은 청소년활동 장소에 대한 개념이다. 지리적으로 고정된 활동장소가 아닌 시간적·공간적 제약 없이 최적의 지도가 가능함을 인식해야 한다. 실내활동과 야외활동에서 네트워크를 활용하여 실시간으로 현장감을 높이고, 특히 모바일을 활용하여 활동을 지도할 수 있어야 한다.

06 청소년교류활동 지도 시 필요한 역량을 말해 보시오.

> 나의 답변

모범 답안

청소년교류활동을 지도할 때 필요한 대표적인 역량은 다문화 역량이다. 다문화 역량에는 다문화 감수성과 다문화 수용성이 포함된다. 다문화 감수성은 문화적 차이를 인지하고 타 문화를 존중할 수 있는 성향이며, 다문화 수용성은 원주민으로서 다양한 배경의 구성원들이 서로의 문화를 인정하고 이해하며 조화로운 관계를 위해서 협력하는 것을 말한다. 즉 다문화 역량은 나와, 우리와 다른 사람들을 인정하고 받아들이는 태도로, 거주지나 국적이 다양한 청소년들을 만나게 될 때 이들을 그대로 인정하고 수용하는 자세라고 할 수 있다.

07 동아리 구성원들 간 갈등 발생 시 지도자의 역할이 무엇인지 말해 보시오.

나의 답변

모범 답안

첫째, 갈등이 왜 일어났는지에 대해서 충분히 시간을 가지고 생각하고 토론할 수 있도록 해야 한다. 둘째, 동아리 구성원 각각의 입장이 무엇인지, 어떤 의견을 가지고 있는지 명확하게 얘기할 수 있도록 돕는다. 셋째, 동아리 구성원 간에 의견을 적극적으로 경청할 수 있도록 돕는다. 넷째, 동아리 구성원 간에 서로가 공감할 수 있는 것들을 찾을 수 있도록 돕는다. 다섯째, 만약 아주 심각하고 싶은 갈등이 일어났다면, 조급하게 해결책을 찾기보다 동아리 구성원들에게 갈등을 해결할 수 있는 더 적절한 방법을 찾을 수 있도록 충분한 시간을 주는 것이 더 현명한 방법일 수 있다.

08 청소년참여활동이 무엇인지 설명해 보시오.

나의 답변

모범 답안

청소년참여활동이란 청소년이 자신의 삶에 영향을 미치는 의사결정 과정 및 공유 과정에 자신들의 생각이나 주장을 갖고 능동적으로 관여하는 활동으로 정의할 수 있다.

09 청소년특별회의가 무엇인지 말해 보시오.

나의 답변

모범 답안

청소년특별회의는 17개 시 · 도 청소년과 청소년 분야의 전문가가 토론과 활동을 통해 청소년이 바라는 정책 과제를 발굴하고, 정부에 제안하여 정책화하는 전국 규모의 청소년참여기구이다.

10 청소년참여위원회가 무엇인지 말해 보시오.

나의 답변

모범 답안

청소년참여위원회는 지자체 정책의 형성 · 집행 · 평가에 이르는 사업과정에 청소년이 주체적으로 참여할 수 있도록 제도화함으로써 청소년 관련 정책의 효율성과 실효성을 높이고 청소년이 직접 참여하여 다양한 의견을 개진하고 자율적인 활동에 참여함으로써 청소년 스스로의 권익증진을 도모하고자 하는 데 목적을 둔 참여기구이다.

11 청소년운영위원회가 무엇인지 말해 보시오.

나의 답변

모범 답안

청소년수련시설의 사업, 프로그램 운영과 관련된 의사결정 과정에 청소년이 참여할 수 있도록 설치 · 운영되고 있는 참여기구이다.

12 청소년참여활동의 지도방법을 설명해 보시오.

나의 답변

모범 답안

청소년참여활동은 참여기구의 ① 연간계획 수립, ② 청소년참여기구 오리엔테이션, ③ 청소년참여기구 분과 구성 및 계획서 작성 등의 순서로 운영되며, 이를 중심으로 지도하면 된다. 우선 '참여기구의 연간계획 수립'은 청소년참여위원(청소년들)이 하지만 담당자인 청소년지도사가 알고 있어야 지도할 수 있다. 즉 연간계획의 수립은 주로 위촉식 및 워크숍, 정기회의, 기타 사업(모니터링 토론회, 지자체 단체장과의 대화 등), 최종보고회 등의 내용으로 하게 된다. '참여기구의 오리엔테이션'은 참여기구 및 구성원으로서의 정체감, 소속감을 함양할 수 있는 기회이며, 또 구성원 간의 친밀감을 형성할 수 있도록 해야 하고, 임원선출 및 역할분담을 할 수 있는 내용으로 구성한다. '분과 구성 및 계획서 작성'은 참여기구 내에서 구성원 개개인이 관심이 많고 제안하고 싶은 분야를 고려해서 분과를 선택하도록 지원하고, 분과별로 계획서 및 정책제안서를 작성할 수 있도록 그에 따른 형식 및 자료 등을 지원하며 피드백을 할 수 있어야 한다.

13 청소년지도사로서 학교 밖 청소년들을 만나게 되었을 때, 이들에게 어떻게 해야 하는지 말해 보시오.

나의 답변

모범 답안

청소년이라고 해서 무조건 학교 안에 있어야 하는 것은 아니므로 학교 밖 청소년들을 만나게 되었을 때는 우선 해당 청소년들이 현재 어떻게 지내고 있는지 힘든 점은 없는지, 필요한 지원은 어떤 것이 있는지 확인하고, 이를 전문적으로 지원할 수 있는 학교밖청소년지원센터 전화번호를 알려 주거나 직접 전화하여 연결해 줄 수 있다.

만약 스스로 일상생활에서 관리가 되고 있는 청소년이라면 해당 청소년이 원하는 부분에 대해 가능한 지원을 할 수 있다(예: 고민상담, 관련 행정절차, 정보 등의 안내).

청소년기의 발달 특성 및 심리적 특성을 이해하고, 청소년들이 겪는 심리적 어려움에 대해 이론적 접근을 통해 학습하고, 그에 따른 상담의 실제를 익히는 과목이다.

01 피아제의 인지발달단계를 설명해 보시오.

나의 답변

모범 답안

감각운동기, 전조작기, 구체적조작기, 형식적조작기로 구분된다. '감각운동기'는 0~2세에 해당되며, 이때의 영아는 주변이나 환경에 대한 추론이나 지각을 할 수 있는 능력이 없고, 주로 감각 및 반사능력을 통해 세상을 알아 가게 된다. '전조작기'는 2세부터 7세까지의 단계로 정신적 표상에 의한 사고가 가능하지만 아직 개념적 조작능력(논리적 사고)이 제대로 발달하지 못했기 때문에 '조작을 할 수 있는 단계의 전 단계'라는 의미에서 전조작기로 부르는 것이다. '구체적 조작기'는 7세부터 12세까지의 단계로 논리적으로 사고할 수 있는 능력인 '조작적 사고'가 가능한데 실제로 제시되거나 아이가 구체적이고 직접적으로 경험한 대상에 한해 조작적 사고를 할 수 있다. '형식적조작기'는 12세 이후로 청소년기에 해당하며, 이 단계에서는 구체적이지 않은 사고에 대해서도 체계적으로 가설검증을 할 수 있으며, 추상적인 사고가 가능해진다.

02 피아제의 인지발달단계 중 '형식적조작기'에 대해 말해 보시오.

나의 답변

_____

_____

_____

_____

_____

_____

_____

_____

_____

_____

_____

_____

_____

_____

_____

_____

모범 답안

피아제의 '형식적조작기'는 12세 이후로 청소년기에 해당하며, 이 단계에서는 구체적이지 않은 사고에 대해서도 체계적으로 가설검증을 할 수 있으며, 추상적인 사고가 가능해진다. 구체적이고 눈에 보이는 부분뿐만 아니라 형식적인 부분에서까지 지적 능력이 가능하여 민주주의, 평화와 같은 추상적인 개념에 대해서도 사고하게 된다.

03 청소년기의 자아중심성의 대표적인 방식인 '상상 속의 청중'과 '개인적 우화'를 설명해 보시오.

나의 답변

モ범 답안

'상상 속의 청중'은 실제가 아닌 상상 속에서 자신이 주인공이 된 무대에 다른 사람들이 청중으로서 자신을 보고 있는 것을 일컫는 말이다. 실제는 주위 사람들이 자신에게 관심을 두고 있지 않으나 청소년 자신이 혼자 그렇게 생각하는 것으로 사람들이 많이 모여 있는 공간을 지나갈 때에는 외모에 신경을 쓰는 모습을 보인다. '개인적 우화'는 개인적으로 꾸며 낸 이야기라는 뜻으로, 청소년들은 자신의 생각이나 정서가 고유하고 특별하기 때문에 아무도 자신의 경험을 이해하지 못할 것이라고 생각하기 쉽다. "다른 사람들은 오토바이를 타고 가다가 사고가 나고 죽을 수 있지만 나는 그렇지 않다."와 같은 생각을 하게 된다.

04 오이디푸스 콤플렉스를 설명해 보시오.

나의 답변

모범 답안

프로이트의 심리성적 발달단계 중 성기기(3~5세)에 해당하는 것으로, 이 시기의 남아는 어머니에게 성적으로 접근하려는 욕망과 애착을 느끼면서 동시에 아버지를 경쟁자로 생각하게 되는데 이를 오이디푸스 콤플렉스(oedipus complex)라고 한다. 이때 남아는 아버지가 자신의 성기를 없앨까 두려워하는 거세불안을 느낀다.

05 일렉트라 콤플렉스를 설명해 보시오.

나의 답변

모범 답안

프로이트의 심리성적 발달단계 중 성기기(3~5세)에 해당하는 것으로, 이 시기의 여아는 아버지에 대해 갖는 성적 애착과 욕망의 감정을 느끼면서 동시에 어머니를 경쟁자로 생각하게 되는데 이를 일렉트라 콤플렉스(electra complex)라고 한다.

06 방어기제가 무엇인가?

_____

_____

_____

_____

_____

_____

_____

_____

_____

_____

_____

_____

_____

_____

_____

_____

_____

_____

모범 답안

방어기제는 원초아의 본능적이고 충동적인 욕구를 현실에서 충족시킬 수 없을 때 발생하는 불안감을 완화하고, 안정감을 찾기 위해 사용하게 된다. 사람이 스트레스에 직접적으로 대처하려면 스트레스의 원인을 없애는 것이 일반적인데, 방어기제는 원인을 없애기보다 자신을 보호하기 위해 자연스럽게 갈등, 불안, 긴장감 등을 낮추게 되는 것이다. 따라서 방어기제는 스트레스와 관련된 불안의 경험으로부터 개인을 보호하는 방법으로써 심리적인 안정을 주게 되어 스트레스로부터 대처할 수 있는 유용한 방법이 되기도 한다.

07 방어기제 중 '주지화'를 설명해 보시오.

나의 답변

모범 답안

주지화는 감정으로부터 자신을 분리하여 이성적이고 지적인 분석을 통해 문제의 상황에 대처하고자 하는 것이다. 지능이나 교육수준이 높은 사람들이 자신의 불안한 상황에 대처하기 위해 논리적이지도 않은 지식들을 쏟아 내면서 침착한 척 말을 이어 나가는 것을 볼 수 있다. 성적 욕구가 강해지는 청소년기에는 직접적인 성행위를 통해 성적인 욕구를 해소하기보다 성적인 지식을 얻으려고 노력하는 지적인 활동을 함으로써 성적인 충동을 억제하려고 한다.

08 방어기제 중 '투사'를 설명해 보시오.

나의 답변

모범 답안

투사는 용납할 수 없는 자신의 부정적인 욕구를 자신의 것으로 인정하지 않고 다른 사람의 욕망으로 돌림으로써 심리적 갈등에 대처하는 것이다. 운동경기에서 진 선수가 운동장의 조건, 감독의 작전 실패, 심판의 부정에 자신의 실패 원인을 돌리는 행위가 이에 해당된다.

09 범죄소년, 촉법소년, 우범소년을 설명해 보시오.

 나의 답변

모범 답안

소년보호사건의 대상에는 범죄소년, 촉법소년, 우범소년이 있다. '범죄소년'은 14세 이상 19세 미만의 죄를 범한 소년 중 벌금형 이하 또는 보호처분 대상 소년을 말한다. '촉법소년'은 형벌법령에 저촉되는 행위를 한 10세 이상 14세 미만의 소년이다. '우범소년'은 그 성격 또는 환경에 비추어 형벌법령에 저촉되는 행위를 할 우려가 있는 10세 이상 19세 미만의 소년 중 집단으로 몰려다니며 주위에 불안감을 조성하는 성벽(性癖)이 있거나, 정당한 이유없이 가출하거나, 술을 마시고 소란을 피우거나 유해환경에 접하는 성벽(性癖)이 있는 소년을 의미한다.

10 학교폭력의 개념을 말해 보시오.

나의 답변

모범 답안

학교폭력은 학교 내외에서 학생을 대상으로 발생한 상해, 폭행, 감금, 협박, 약취·유인, 명예훼손·모욕, 공갈, 강요·강제적인 심부름 및 성폭력, 따돌림, 사이버 따돌림, 정보통신망을 이용한 음란·폭력 정보 등에 의하여 신체·정신 또는 재산상의 피해를 수반하는 행위를 말한다.

「학교 폭력예방 및 대책에 관한 법률」 제2조 제1호

11 청소년기에 또래집단이 중요한 이유는 무엇인가?

나의 답변

모범 답안

발달특성상 청소년기에는 아동기 때의 부모(엄마)와의 친밀감이 또래로 이동하게 된다. 즉, 대인관계가 확장되는 시기이다. 청소년이 되면 가족보다는 친구들과 더 많은 시간을 보내게 되고, 친구들과의 관계를 통해 소속감을 느끼게 된다. 청소년기의 또래관계를 보면 다른 대인관계들에 비해 상호의존성이 높다. 대인관계를 통해 자신의 가치를 확인하고 우애, 친밀감 등의 욕구를 충족시키기 위해 친구들에게 의존하기 때문이다. 청소년들의 대인관계 형성의 목적은 수단이기보다는 사회 · 정서적인 것이다. 특별한 사회적 압력 없이 자발적으로 자신이 원하는 또래를 선택하여 관계를 유지하려는 경향이 있으며, 또래와의 상호작용 자체에서 즐거움과 만족감을 얻기 때문이다. 또래 친구들은 자기 자신을 측정하고 점검하는 하나의 커다란 투사 스크린의 역할을 하며, 자기 존재 가치를 확인할 수 있는 준거가 된다. 집단에 속하는 청소년들은 서로의 가치관이나 태도, 취미나 흥미 등이 동일할 것이라고 기대하며, 또래들과 상호작용하면서 동질감과 친밀감을 향상하고자 한다.

청소년문화의 특성 및 청소년들의 다양한 모습을 통해 청소년의 삶을 이해하는 것이다. 이를 위해 청소년문화가 무엇인지 이론을 살펴보고, 청소년의 삶을 영역별로 구분하여 청소년의 삶의 특징을 살펴본다.

01 청소년문화의 특징(성격)을 말해 보시오.

나의 답변

[모범 답안]

첫째, 미숙한 문화이다. 성인의 입장에서 청소년문화를 과도기나 준비하는 단계의 문화로 보는 입장이다. 즉 아직 성숙되지 않아서 모자라고 미숙하다는 관점이다.

둘째, 비행문화, 일탈문화이다. 청소년들을 규범에서 벗어난 일탈적 시각으로 바라보는 관점이다. 청소년들은 공부나 일보다는 놀기를 좋아하고 어른 몰래 나쁜 짓 하기를 즐긴다는 것이다.

셋째, 하위문화이다. 하위문화란 사회 전체의 지배적인 주류문화 중 하나의 부분을 차지하는 문화라는 뜻이다. 즉 연령대로 문화를 구분하면 노인 연령대에 속한 사람들의 문화는 노인문화, 청소년 연령대에 속한 사람들의 문화가 청소년문화라는 것이다. 여기에서 노인문화, 청소년문화가 각각 하위문화이다.

넷째, 저항문화, 대항문화이다. 청소년들은 기성세대와는 다른 문화를 경험해 왔으므로 기성세대와는 다른 가치관과 역사관을 가지고 있어서 기성세대의 문화를 수용하지 못하고 자신들의 문화를 대안으로 내세우면서 개혁과 변화를 요구한다. 기성세대의 문화가 주류문화라면 청소년의 문화는 대항문화로, 기성세대의 문화를 거부하고 다른 삶의 방식을 추구한다는 것이다.

다섯째, 새로운 문화이다. 세대가 바뀌면서 사회의 문화도 변화한다. 이러한 문화 변화에 있어서 청소년들이 선구적인 역할을 하고 있다. 새로운 기기나 매체를 기성 세대에 비해 매우 잘 다루거나 새로운 스타일의 유행을 만들어 내는 것들이 대표적인 사례이다.

02 MZ세대의 특징을 말해 보시오.

나의 답변

_____

_____

_____

_____

_____

_____

_____

_____

_____

모범 답안

MZ세대는 1980년대 초~2000년대 초 출생한 밀레니얼 세대와 1990년대 중반~2000년대 초반 출생한 Z세대를 통칭하는 말이다. 그 특징은 다음과 같다. 첫째, 디지털 환경에 익숙한 MZ세대는 모바일을 잘 사용하고 최신 트렌드와 남과 다른 이색 경험을 추구하는 특징을 보인다. 특히 MZ세대는 SNS를 기반으로 유통시장에 강력한 영향력을 발휘하는 주체로 부상하고 있다. 둘째, 집단보다는 개인의 행복을, 소유보다는 공유를, 상품보다는 경험을 중시하는 소비 특징을 보이고 단순히 물건을 구매하는 데 그치지 않고 사회적 가치나 특별한 메시지를 담은 물건을 구매하여 자신의 신념을 표현하기도 한다. 셋째, MZ세대는 금융 서비스와 재테크에 대해 높은 관심을 갖고 있다. 즉, 주식, 비트코인 등과 같은 재테크에 관심을 가지는 경우가 많으며, 이들은 유튜브나 SNS 등 다양한 정보를 습득하고 전형적인 금융 상품에 얽매이지 않는다는 특징이 있다.

출처: 국가균형발전위원회 국가균형발전종합정보시스템(NABIS)
https://www.nabis.go.kr/termsDetailView.do?menucd=189&gbnCode=S51&eventNo=357(2023. 3. 15. 다운로드)

03 청소년들이 대중문화(또는 팬덤문화)에 열광하는 이유는 무엇인가?

[나의 답변]

[모범 답안]

청소년기 심리적 발달의 관점에서 볼 때 대중스타에 열광하는 것은 학업 스트레스 등으로 인한 긴장과 다양한 갈등심리의 해소, 현실의 도피, 대리만족, 역할모델의 대상 추구 등을 반영하며 더 나아가 자신과 비슷한 사고와 행동을 구현하는 집단적 체험의 장이기도 하다. 이처럼 청소년들은 그들 나름대로의 특이한 팬덤문화를 형성하고 있으며, 그 속에서 나름대로의 존재가치를 찾아간다는 점에서는 상당히 의미가 있다고 할 수 있다. 이러한 현상은 청소년들이 대중문화를 수용하는 과정에서 제도교육이나 지배적인 질서에서 성취할 수 없는 욕구(학업성적 등)를 성취하는데 대중문화를 이용하고 있어 청소년들의 팬덤활동은 학교생활이나 발달과정 속에서 오히려 긍정적인 영향(예: 자존감 회복 등)을 미칠 수도 있다.

출처: 김선숙(2013). 청소년 팬덤활동에 미치는 영향. 한국콘텐츠학회논문지, 13(3), pp. 167-176.

04 팬덤현상에 대해 설명해 보시오.

(유사 질문: 대중문화(팬덤문화)가 청소년에게 미치는 긍정적인 영향과 부정적인 영향을 말해 보시오.)

나의 답변

모범 답안

우리나라에서 청소년들을 중심으로 하는 팬덤현상은 주로 자신이 좋아하는 연예인의 팬클럽 회원으로 가입하여 다른 회원들과 함께 정기적으로 모임 및 활동하는 것을 말한다. 청소년문화나 사회참여의 기회가 부족한 우리나라 청소년의 경우 연예인이나 스포츠 스타 등을 통해 대리만족을 느끼고, 이들을 동경하고 모방함으로써 카타르시스를 느낀다. 학업스트레스 등으로 인해 삶의 만족도가 떨어져 있는 청소년들이 팬덤활동을 통해 또래와 경쟁이 아닌 방식으로 소통할 수 있는 기회를 갖게 되고 이러한 경험을 통해 스트레스를 해소할 수 있고, 청소년들만의 새로운 문화를 형성하고 경험해 나가면서 독립된 개체로서의 자아정체감을 확립해 나갈 수 있다면 팬덤활동은 매우 긍정적일 것이다. 그러나 팬덤활동에 참여하는 과정에서 현실에서 해소하지 못한 자유의 결핍, 공동체의 부재, 그리고 불완전한 정체성 등을 가상의 사실 혹은 이상적인 인물로부터 대리 충족하고자 하고, 이것이 지나쳐 스타에 대한 중독 현상을 경험하게 된다면 오히려 청소년에게 부정적일 것이다.

출처: 김선숙(2013). 청소년 팬덤활동에 미치는 영향. 한국콘텐츠학회논문지, 13(3), pp. 167-176.

05 청소년 사이버 문화의 특징은 무엇인가?

나의 답변

나의 답변

_____

_____

_____

_____

_____

_____

_____

_____

_____

모범 답안

Tapscott는 청소년의 사이버 문화의 특징을 다음과 같이 설명하고 있다. 첫째, 강한 독립심과 적극성을 지니고 있다. 둘째, 청소년들은 감성적, 지적 개방성을 지니고 있다. 익명을 사용하여 자신이 원치 않는 표현은 피하기도 하며, 필요하다면 열린 공간을 통하여 자신들을 자유롭게 노출하기도 한다. 셋째, 사회적 포용성을 지니고 있다. 인터넷을 통해 다양한 문화를 접할 수 있고, 다른 나라 사람들과의 대화가 가능해지면서, 인종적 편견이나 문화적 차별의식을 극복해 판단과 편견을 배제한 채 어울릴 수 있다. 넷째, 자유로운 표현의지와 뚜렷한 주관을 갖고 있다. 사이버 공간에서 그들은 많은 정보를 얻을 뿐만 아니라 자신에 대해 표현하고 그것에 대해 피드백을 원한다. 다섯째, 새로운 것과 끊임없이 더 나은 것을 추구한다. 여섯째, 새로운 기술에 대해 그것의 작동원리(how to work)를 이해하기보다는 실제로 그것을 어떻게 움직이게 하는지(how to work in)를 알고 싶어 한다. 일곱째, 즉각성이다(immediacy)이다. 여덟째, 사실 확인과 신뢰를 원한다. 사이버 공간에서의 익명성, 접근 가능성, 다양성과 편재의 특성 때문에 청소년들은 그들이 인터넷에서 보고 들은 것에 대해 끊임없이 검증하고자 한다.

출처: 이향재, 한지숙(2009). 청소년의 자아존중감과 웹 사이버 문화 – 온라인 게임의 아바타 사용자 중심으로. 한국콘텐츠학회논문지, 9(1), pp. 197–204.

나의 답변

_____

_____

_____

_____

_____

_____

_____

_____

_____

_____

_____

_____

_____

_____

_____

_____

모범 답안

첫째, 의미를 모르고 사용하는 해당 표현에 대해 그 뜻을 정확히 알려 주거나 같이 찾아본다. 둘째, 본인의 분노나 적개심을 비속어로 표현하는 경우, 다른 적절한 방법의 감정 표현을 지도한다. 셋째, 청소년을 양육하는 부모나 지도하는 지도자가 은어, 비속어를 쓰는 청소년에 대해 아무렇지도 않게 응대하고 있지는 않은지 살펴보아야 한다. 넷째, 부모나 지도자가 청소년들 앞에서 은어, 비속어를 무의식중에 사용하고 있지는 않은지 돌아보아야 한다.

07 스마트폰 과의존인 청소년의 경우, 지도방법은 무엇인가?

나의 답변

모범 답안

첫째, 청소년이 스마트폰을 사용하는 시간을 정해서 사용하도록 지도한다.

둘째, 스마트폰에 과도하게 집중하는 대신 친구들을 만나거나 대화하는 시간을 좀 더 늘리도록 지도한다.

셋째, 스마트폰이나 컴퓨터와 함께 하는 시간을 줄일 수 있도록 청소년 수련시설 및 단체에서 운영하는 활동 프로그램에 참여할 수 있도록 안내(권유)한다.

08 화장하는 청소년들을 어떻게 지도해야 하는가?

나의 답변

모범 답안

첫째, 청소년들의 화장 역시 청소년문화이므로 무조건 하지 못하게 하기보다 안전하고 올바르게 사용할 수 있도록 관련 지식과 정보를 제공하는 것이 필요하다.

둘째, 청소년활동 프로그램의 주제로 '안전한 화장품 고르기, 올바른 세안법, 피부관리' 등을 선정하여 프로그램을 실시할 수 있다.

셋째, 화장은 자기표현 방식의 일종이므로, 화장이 아닌 다른 방법으로 자신을 표현할 수 있음을 알려주고 그에 따른 방법을 제안해 줄 수 있다.

09 청소년소비문화의 특징은 무엇인가?

나의 답변

첫째, 청소년들은 다소 충동적이고 직관적인 판단에 의존하는 충동구매의 경향을 보인다.

둘째, 유명상표의 옷을 입어야 자신감이 생기고 친구들로부터 인정을 받는다고 생각하는 경향이 있다.

셋째, 자신의 개성을 추구하고자 하는 경향을 보임과 동시에 소속감을 유지하기 위해 주변 친구들이 갖고 있는 옷, 신발, 학용품 등을 따라서 구매하는 경향이 있다.

청소년의 조화로운 성장과 발달을 위해 관련한 지식과 이론, 방법, 관련 제도를 학습하는 과목으로, 청소년지도사가 현장에서 가장 많이 하게 되는 업무영역이기도 하다.

01 청소년활동의 개념을 말해 보시오.

나의 답변

모범 답안

청소년의 균형 있는 성장을 위하여 필요한 활동과 이러한 활동을 소재로 하는 수련활동 · 교류활동 · 문화활동 등 다양한 형태의 활동을 말한다.

「청소년기본법」 제3조 제3호

02 청소년기본법에 제시된 청소년활동 개념에 포함되는 활동은 무엇인가?

(유사 질문: 청소년활동에 들어가는 활동(3가지)을 말해 보시오. / 수련활동(문화활동, 교류활동)의 개념을 말해 보시오.)

나의 답변

모범 답안

'수련활동'은 "청소년이 청소년활동에 자발적으로 참여하여 청소년 시기에 필요한 기량과 품성을 함양하는 교육적 활동으로써 청소년지도자와 함께 청소년수련거리에 참여하여 배움을 실천하는 체험활동"을 의미한다.

'교류활동'은 "청소년이 지역 간, 남북 간, 국가 간의 다양한 교류를 통하여 공동체 의식 등을 함양하는 체험활동"을 말한다.

'문화활동'은 "청소년이 예술활동, 스포츠활동, 동아리활동, 봉사활동 등을 통하여 문화적 감성과 더불어 살아가는 능력을 함양하는 체험활동"을 의미한다.

「청소년활동진흥법」 제2조 제3~5호

03 청소년수련활동 인증제란 무엇인가?

나의 답변

모범 답안

청소년수련활동 인증제는 청소년수련활동이 청소년의 균형 있는 성장에 기여할 수 있도록 국가 및 지방자치단체 또는 개인, 법인, 단체 등이 실시하고자 하는 청소년수련활동을 인증하고, 인증된 수련활동에 참여한 청소년의 활동 기록을 유지 · 관리 · 제공하는 청소년수련활동 프로그램에 대한 국가인증 제도이다.

04 청소년수련활동 신고제란 무엇인가?

나의 답변

모범 답안

청소년수련활동 신고제는 19세 미만의 청소년을 대상으로 하는 청소년수련활동의 실시 계획을 신고하도록 하고 신고 수리된 내용을 인터넷에 공개하여 국민이 정보를 활용할 수 있도록 하는 제도이다.

05 청소년단체활동이란 무엇인가?

나의 답변

모범 답안

청소년단체활동은 학교 안팎에 있는 청소년단체라는 조직을 통해서 청소년활동에 참여하는 것이다. 청소년단체는 청소년육성을 주된 목적으로 설립된 법인이나 청소년활동, 청소년복지 또는 청소년보호를 주요 사업으로 하는 단체를 말하며, 다양한 형태와 주제의 청소년활동사업을 운영하고 있다.

06 청소년동아리활동이란 무엇인가?

나의 답변

모범 답안

청소년동아리활동은 학교나 청소년단체 및 수련시설에서 취미나 소질, 문제의식을 공유하는 청소년들에 의해 자생적으로 생겨난 자치적인 집단활동이다. 다른 청소년활동에 비해 자발성이 매우 높아 청소년들이 주체적으로 참여하고 있으며, 이상적인 청소년활동의 하나로 언급되기도 한다.

07 청소년참여활동은 무엇인가?

나의 답변

모범 답안

청소년참여활동이란 청소년이 자신의 삶에 영향을 미치는 의사결정 및 공유 과정에 자신들의 생각이나 주장을 갖고 능동적으로 관여하는 활동으로 정의할 수 있다.

08 청소년참여기구가 무엇인지 말해 보시오.

나의 답변

모범 답안

청소년참여기구는 청소년참여활동을 하는 기구로써, 전국 단위의 청소년특별회의, 지역 단위의 청소년참여위원회, 수련시설에서 활동하는 청소년운영위원회가 있다.

09 청소년특별회의가 무엇인가?

나의 답변

모범 답안

청소년특별회의는 17개 시·도 청소년과 청소년 분야의 전문가가 토론과 활동을 통해 청소년이 바라는 정책 과제를 발굴하고, 정부에 제안하여 정책화하는 전국 규모의 청소년참여기구이다.

10 청소년참여위원회가 무엇인가?

나의 답변

모범 답안

청소년참여위원회는 지자체 정책의 형성·집행·평가에 이르는 사업과정에 청소년이 주체적으로 참여할 수 있도록 제도화함으로써 청소년 관련 정책의 효율성과 실효성을 높이고 청소년이 직접 참여하여 다양한 의견을 개진하고 자율적인 활동에 참여함으로써 청소년 스스로의 권익증진을 도모하고자 하는 데 목적을 둔 참여기구이다.

11 청소년운영위원회가 무엇인가?

나의 답변

모범 답안

청소년수련시설의 사업, 프로그램 운영과 관련된 의사결정 과정에 청소년이 참여할 수 있도록 설치·운영되고 있는 참여기구이다.

12 청소년지도사에 대해 설명해 보시오.

나의 답변

모범 답안

청소년지도사는 1급, 2급, 3급으로 구분되며, 청소년 관련 분야의 경력과 기타 자격을 갖춘 자로서 자격검정에 합격하고 청소년지도사 연수기관에서 실시하는 연수과정을 마친 사람에게 부여하는 국가자격증이다. 청소년지도사 자격을 받은 사람은 그가 속한 청소년 관련 조직에서 주로 청소년활동 프로그램을 통하여 청소년을 전문적으로 지도하는 일을 한다.

13 청소년지도자와 청소년지도사의 차이는 무엇인가?

나의 답변

모범 답안

'청소년지도자'는 청소년지도사 자격증 소지자, 청소년상담사 자격증 소지자, 그 외 (이 2종의 자격증이 없어도) 청소년시설, 청소년단체 및 청소년 관련 기관에서 청소년육성에 필요한 업무에 종사하는 사람 모두를 포함하는 개념이다.
이에 반해 '청소년지도사'는 국가자격인 청소년지도사 자격증을 소지한 사람을 말한다.

참고: 청소년지도자는 청소년지도사를 포함하는 더 큰 개념이다!!!

14 청소년활동시설에 대해 말해 보시오.

(이 외에 나올 수 있는 질문: 청소년이용시설이 무엇인지 말해 보시오.)

나의 답변

모범 답안

청소년활동시설은 청소년수련시설과 청소년이용시설로 구분된다.
'청소년수련시설'은 청소년지도사에 의해 청소년활동을 전문적으로 실시하는 곳을 말하며, 청소년수련관, 청소년문화의집, 청소년수련원, 청소년특화시설, 청소년야영장, 유스호스텔이 있다. '청소년이용시설'은 청소년활동을 전문적으로 실시하는 곳은 아니지만, 청소년활동을 실시하거나 청소년의 건전한 이용 등에 제공할 수 있는 시설을 말한다. 예를 들면, 박물관, 체육센터, 복지관 등이다.

15 청소년수련시설에는 어떤 시설이 있는지 유형을 모두 말해 보시오.

[유사 질문: (6가지 유형 중 하나가 제시된 후) 이 청소년수련시설이 어떤 곳인지 말해 보시오.]

나의 답변

모범 답안

① 청소년수련관: 다양한 청소년수련거리를 실시할 수 있는 각종 시설 및 설비를 갖춘 종합수련시설
② 청소년수련원: 숙박기능을 갖춘 생활관과 다양한 청소년수련거리를 실시할 수 있는 각종 시설과 설비를 갖춘 종합수련시설
③ 청소년문화의 집: 간단한 청소년수련활동을 실시할 수 있는 시설 및 설비를 갖춘 정보 · 문화 · 예술 중심의 수련시설
④ 청소년특화시설: 청소년의 직업체험, 문화예술, 과학정보, 환경 등 특정 목적의 청소년활동을 전문적으로 실시할 수 있는 시설과 설비를 갖춘 수련시설
⑤ 청소년야영장: 야영에 적합한 시설 및 설비를 갖추고, 청소년수련거리 또는 야영편의를 제공하는 수련시설
⑥ 유스호스텔: 청소년의 숙박 및 체류에 적합한 시설 · 설비와 부대 · 편익시설을 갖추고, 숙식편의 제공, 여행청소년의 활동지원을 기능으로 하는 시설

16 국제청소년성취포상제란 무엇인지 말해 보시오.

나의 답변

모범 답안

국제청소년성취포상제는 14세 이상 24세 이하 청소년들이 참여하는 프로그램이다. 1956년 영국 에 딘버러 공작에 의해 설립되었으며 청소년이 다양한 활동영역에서 자기주도적으로 활동하여 스스로의 잠재력을 최대한 개발하고 삶의 기술을 갖도록 하는 전 세계 130여 개국에서 운영되는 국제적으로 공 인된 자기 성장 프로그램이다.

17 청소년자기도전포상제란 무엇인지 말해 보시오.

나의 답변

모범 답안

청소년자기도전포상제는 7세 이상 15세 이하이거나 초등학교 1학년 이상 중학교 3학년 이하의 청소 년이 운영기관에 등록하여 포상단계에 따른 활동을 수행하고 자신이 설정한 목표를 성취하였을 경우 포상하는 제도이다. 우리나라에만 있는 제도이다.

18 청소년어울림마당(이전 명칭: 청소년문화존)이란 무엇인지 말해 보시오.

나의 답변

―――
―――
―――
―――

모범 답안

청소년어울림마당은 문화예술, 스포츠 등을 소재로 한 공연, 경연, 전시, 놀이 체험 등 다양한 활동이 펼쳐지는 장으로, 청소년의 접근이 용이하고 다양한 지역사회자원이 결합된 일정한 공간을 말한다. 전국적으로 이 공간에서 청소년들의 활동이 펼쳐지고, 이를 청소년어울림마당이라고 부른다.

19 청소년방과후아카데미가 무엇인지 설명해 보시오.

나의 답변

―――
―――
―――
―――

모범 답안

청소년방과후아카데미는 여성가족부와 지방자치단체에서 공적 서비스를 담당하는 청소년수련시설(청소년수련관, 청소년문화의집 등)을 기반으로 청소년의 건강한 방과 후 생활과 삶의 질 향상을 위해 가정이나 학교에서 체험하지 못했던 다양한 청소년활동 프로그램 및 청소년생활 관리 등 청소년을 위한 종합 돌봄 서비스를 지원하는 국가정책 지원사업을 의미한다.

20 자유학기제가 무엇인지 말해 보시오.

나의 답변

모범 답안

자유학기제는 중학교 과정 중 한 학기 동안 학생들이 시험 부담에서 벗어나 꿈과 끼를 찾을 수 있도록 토론 · 실습 등 학생 참여형으로 수업을 개선하고, 진로 탐색활동이 가능하도록 교육과정을 유연하게 운영하는 교육부의 제도이다.

참고: 중학교 1학년 1년 동안 시행하는 '자유학년제'도 있다.

21 창의적 체험활동이 무엇인지 말해 보시오.

나의 답변

모범 답안

창의적 체험활동은 교과와 상호 보완적 관계 속에서 앎을 적극적으로 실천하고 심신을 조화롭게 발달시키기 위하여 실시하는 교과 이외의 활동을 말하며 교육부의 제도이다.

청소년복지

청소년복지는 청소년이 건강하고 행복한 삶을 살 수 있도록 환경을 조성하는 것이다. 특히 위기 상황에 있는 청소년들을 유형별로 살펴보고 그에 따른 개입 방안 및 지원 대책을 학습하는 과목이다.

01 청소년증이 무엇인지 설명해 보시오.

나의 답변

모범 답안

청소년증은 9세 이상 18세 이하 청소년들이 학생 여부와 상관없이 본인이 청소년임을 확인하는 신분증을 말한다. 청소년증으로 시험 응시에 따른 신분증, 청소년우대 증표(문화시설 이용료 면제, 할인 등), 교통카드의 용도로 사용할 수 있다. 청소년 본인이나 대리인(친권자, 청소년시설 내 보호자)이 신청 가능하며, 전국 어디서든 가까운 주민센터에서 신청할 수 있다.

02 청소년동반자(Youth Companion: YC) 프로그램이 무엇인지 말해 보시오.

나의 답변

모범 답안

청소년동반자 프로그램은 위기 청소년을 돕는 전문적인 상담 서비스로써 전문가들이 도움이 필요한 청소년들을 직접 찾아가 지속적인 관계를 맺고 상담, 정서적 지지, 기관연계를 제공하는 프로그램이다.

03 청소년동반자는 누구인가?

(유사 질문: 청소년동반자가 어떤 사람들인지 말해 보시오.)

나의 답변

모범 답안

청소년상담분야 자격과 경험을 갖춘 전문가로서 위기 청소년의 입장에서 지역사회 자원을 현장에서 찾고 연계하며, 위기 청소년들과 지속적인 관계를 형성하여 청소년의 성공적인 삶을 지원하는 정서적 지지자이다. 청소년동반자는 청소년상담사, 청소년지도사, 사회복지사, 상담심리사, 임상심리사, 직업상담사 등 자격증을 소지하고 있으며 상담, 사회복지, 교육현장 근무 경력이 있다.

참고: 청소년동반자는 전일제와 시간제로 구분되며, 전일제 동반자는 위 자격증 중 1종 이상 소지하고, 청소년상담 및 지도 관련 실무 경력이 1년 이상이 되어야 한다. 시간제 동반자는 위 자격증 중 1종을 소지하거나, 1년 이상의 청소년상담 및 지도 관련 실무경력이 있어야 한다.

04 위기 청소년을 대상으로 하는 특별지원이 무엇인지 설명해 보시오.

[나의 답변]

/

[모범 답안]

(위기)청소년특별지원은 위기 청소년에 대한 건전한 성장과 정상적 생활을 영위하기 위해 필요한 기초적 여건이 갖추어지지 않아 사회, 경제적 지원이 필요한 청소년 중 다른 제도 및 법에 의한 지원을 받지 못하는 청소년에게 현금 급여 또는 관련 서비스를 직접 지원하는 사업이다. 이 사업은 학교 밖, 가정 밖 등의 청소년들을 대상으로 생활비 지원, 건강(의료)지원, 학업지원, 자립지원, 상담지원, 법률지원, 청소년활동지원, 후견인 인건비 등을 지원한다.

05 청소년복지시설의 종류를 말해 보시오.

나의 답변

청소년복지시설의 종류에는 청소년쉼터, 청소년자립지원관, 청소년치료재활센터, 청소년회복지원시설이 있다. 첫째, 청소년쉼터는 가정 밖 청소년에 대하여 가정 · 학교 · 사회로 복귀하여 생활할 수 있도록 일정 기간 보호하면서 상담 · 주거 · 학업 · 자립 등을 지원하는 시설을 말한다. 둘째, 청소년자립지원관은 일정 기간 청소년쉼터 또는 청소년회복지원시설의 지원을 받았는데도 가정 · 학교 · 사회로 복귀하여 생활할 수 없는 청소년에게 자립하여 생활할 수 있는 능력과 여건을 갖추도록 지원하는 시설이다. 셋째, 청소년치료재활센터는 학습 · 정서 · 행동상의 장애를 가진 청소년을 대상으로 정상적인 성장과 생활을 할 수 있도록 해당 청소년에게 적합한 치료 · 교육 및 재활을 종합적으로 지원하는 거주형 시설을 의미한다. 넷째, 청소년회복지원시설은 「소년법」 제32조 제1항 제1호에 따른 감호 위탁 처분을 받은 청소년에 대하여 보호자를 대신하여 그 청소년을 보호할 수 있는 자가 상담 · 주거 · 학업 · 자립 등 서비스를 제공하는 시설을 말한다.

06 청소년쉼터의 종류 및 기능을 말해 보시오.

나의 답변

모범 답안

청소년쉼터는 가정 밖 청소년이 가정과 학교, 사회로 복귀하여 생활할 수 있도록 일정 기간 보호하면서 상담, 주거, 학업, 자립 등을 지원하는 시설이다. 청소년쉼터의 유형은 크게 3가지 유형(일시, 단기, 중장기)으로 구분된다.

'일시쉼터'는 24시간~7일 이내의 일시 보호가 가능하며, 가출했거나 거리를 배회하는 청소년이 이용한다. 여기에서는 가정 밖 청소년을 위해 위기 개입 상담, 진로 지도, 적성검사 등의 서비스를 제공하며 그 밖에 먹거리, 음료수 등의 기본적인 서비스도 제공한다.

'단기쉼터'는 3개월 내외로 보호 가능하며, 2회 연장할 수 있고 최장 9개월까지 가정 밖 청소년을 보호한다. 또한 이들의 문제해결을 위한 상담과 치료, 예방활동을 한다. 그밖에 의식주, 의료지원 등 여러 가지 보호 서비스를 제공하며 가정 밖 청소년 중 가정과 사회로 복귀할 수 있는 청소년과 그렇지 않은 청소년을 분류하여 다른 기관에 연계하는 서비스를 제공한다.

'중장기쉼터'는 3년 내외로 보호 가능하며, 1회 1년에 한해 연장이 가능하다. 자립의지가 있는 가정 밖 청소년이 이용하며 가정으로의 복귀가 어렵거나 위기 청소년을 대상으로 전환형, 가족형, 자립형, 치료형 등 특화된 서비스를 제공한다.

07 청소년방과후아카데미가 무엇인지 설명해 보시오.

나의 답변

모범 답안

청소년방과후아카데미는 여성가족부와 지방자치단체에서 공적 서비스를 담당하는 청소년수련시설 (청소년수련관, 청소년문화의집 등)을 기반으로 청소년의 건강한 방과 후 생활과 삶의 질 향상을 위해 가정이나 학교에서 체험하지 못했던 다양한 청소년활동 프로그램 및 청소년생활 관리 등 청소년을 위한 종합 돌봄 서비스를 지원하는 국가정책 지원사업을 의미한다.

08 청소년스스로지킴이(YP, 이전 명칭: 청소년유해환경감시단)에 대해 아는 대로 말해 보시오.

나의 답변

모범 답안

YP란 Youth Patrol(청소년 순찰대)의 줄임말로 '유해매체, 유해물질, 유해시설, 유해행위로부터 청소년 스스로를 지킨다는 의미가 담겨 있다. 주로 자신이 속한 지역사회와 사이버 세계에 직접 참여하여 모니터링하는 등 유해환경 정화를 위한 활동을 적극적으로 지원하는 프로그램이다.
청소년 보호 YP 프로그램은 청소년참여활동, 청소년 과제활동, 청소년 순찰활동, 청소년 권리 운동으로 구성되어 있다.

가정 밖 청소년을 어떻게 지원할 수 있는지 말해 보시오.

나의 답변

모범 답안

첫째, 청소년쉼터의 확충이 필요하다. 주거는 거리청소년문제를 해결하는 가장 중요한 요소이다. 안정적인 잠자리를 확보하지 못한 상황에서 정기적인 일자리를 갖는 것은 불가능하며, 건강한 삶도 기대할 수 없다. 현재 가정 밖 청소년의 규모에 비해 청소년쉼터가 턱없이 부족하므로 청소년의 가출 경험률과 청소년쉼터 이용률을 감안하여 청소년쉼터를 추가로 확충할 필요가 있다.

둘째, 가족 지원 및 중재 서비스 정책이 필요하다. 대부분 가정 밖 청소년들이 가정 내 문제로 인해 가출하고 있으나 가족에 대한 지원이나 중재 서비스가 매우 미약한 실정이다. 가족관련문제는 청소년가출의 가장 주된 원인으로 지목되고 있는 만큼 이를 해결하기 위한 지원 및 중재 서비스가 절실히 요구된다.

10 학교 밖 청소년들을 위한 지원 서비스에는 어떤 것들이 있는지 말해 보시오.

나의 답변

모범 답안

학교 밖 청소년들을 위한 지원 서비스는 주로 학교밖청소년지원센터(꿈드림)를 통해 이루어지고 있다. 서비스는 주로 상담지원, 교육지원, 직업 및 취업 지원, 자립지원, 건강검진, 기타 서비스가 있다. '상담지원'은 청소년심리, 진로, 가족관계, 친구관계 등에 대해 상담 서비스를 제공하는 것이고, '교육지원'은 ① 학업동기 강화 및 학업능력 증진 프로그램 진행, ② 검정고시를 통한 학력취득 지원, ③ 대학 입시 지원, ④ 학업중단 숙려상담, 취학관리 전담기구 사례관리, ⑤ 복교지원을 하고 있다. '직업 및 취업지원'은 ① 직업탐색 · 체험 프로그램 제공, ② 직업역량강화 프로그램 제공, ③ 취업훈련 연계지원(내일이룸학교, 취업성공패키지, 비즈쿨 등)을 하며, '자립지원'은 ① 자기계발 프로그램 지원, ② 청소년 근로권익 보호, ③ 경제적으로 어려운 학교 밖 청소년 지원, ④ 기초 소양교육 제공을 주 내용으로 하고 있다. '건강검진'은 ① 10대 특성에 맞춘 건강검진 서비스 제공(본인부담 없음), ② 건강생활 관리 지원, ③ 체력관리 지원을 하는 것이다. 그 밖에 지역특성화 프로그램 등의 '기타 서비스'를 제공하고 있다.

11 청소년지도사로서 학교 밖 청소년들을 만나게 되었을 때, 이들에게 어떻게 해야 하는지 말해 보시오.

나의 답변

모범 답안

청소년이라고 해서 무조건 학교 안에 있어야 하는 것은 아니므로 학교 밖 청소년들을 만나게 되었을 때는 우선 해당 청소년들이 현재 어떻게 지내고 있는지 힘든 점은 없는지, 필요한 지원은 어떤 것이 있는지 확인하고, 이를 전문적으로 지원할 수 있는 학교밖청소년지원센터 전화번호를 알려 주거나 직접 전화하여 연결해 줄 수 있다.

만약 스스로 일상생활에서 관리가 되고 있는 청소년이라면 해당 청소년이 원하는 부분에 대해 가능한 지원을 할 수 있다(예: 고민상담, 관련 행정절차, 정보 등의 안내).

12 지역사회 청소년통합지원체계(CYS-Net, 청소년안전망)가 무엇인지 말해 보시오.

나의 답변

모범 답안

청소년을 위한 사회안전망으로 지역사회 내의 활용가능한 자원을 적절히 연계하여 위기 청소년을 효과적으로 돕기 위한 통합지원 네트워크이다. 전국의 청소년상담복지센터가 CYS-Net의 허브 기관으로 청소년문제를 진단·평가하고 필요한 서비스를 제공하고 있다.

참고: 「청소년복지지원법」에는 "지역사회 청소년통합지원체계"라고 명시되어 있으나 청소년 현장에서는 2019년 7월 1일부터 "청소년 안전망"으로 부르고 있다. 영문표기는 그대로 CYS-Net으로 사용한다.

13 소년보호사건의 대상 3가지 유형을 말해 보시오.

(유사 질문: 범죄소년, 촉법소년, 우범소년의 개념을 말해 보시오.)

나의 답변

모범 답안

소년보호사건의 대상에는 범죄소년, 촉법소년, 우범소년이 있다. '범죄소년'은 14세 이상 19세 미만의 죄를 범한 소년 중 벌금형 이하 또는 보호처분 대상 소년을 말한다. '촉법소년'은 형벌법령에 저촉되는 행위를 한 10세 이상 14세 미만의 소년이다. '우범소년'은 그 성격 또는 환경에 비추어 형벌법령에 저촉되는 행위를 할 우려가 있는 10세 이상 19세 미만의 소년 중 집단으로 몰려다니며 주위에 불안감을 조성하는 성벽(性癖)이 있거나, 정당한 이유없이 가출하거나, 술을 마시고 소란을 피우거나 유해환경에 접하는 성벽(性癖)이 있는 소년을 의미한다.

청소년프로그램 개발과 평가

청소년프로그램 개발과 평가는 청소년지도사가 청소년현장에서 주로 하게 되는 업무 중 하나로, 프로그램 개발의 원리와 접근방법에 의해 절차에 따라 프로그램을 개발하고, 평가모형을 통해 평가하게 되는 전반적인 과정을 말한다.

01 **청소년프로그램의 개발순서를 말해 보시오.**

나의 답변

모범 답안

프로그램 개발의 통합모형으로 제시해 본다면, 프로그램 기획, 프로그램 설계, 프로그램 마케팅(홍보), 프로그램 실행, 프로그램 평가의 순으로 개발할 수 있다.

참고: 청소년프로그램 개발의 순서는 주장하는 이에 따라 다를 수 있으므로 여기에서는 잘 알려진 모형인 통합모형으로 제시하였다.

02 청소년프로그램 개발의 각 단계를 설명해 보시오.

나의 답변

프로그램 개발의 통합모형으로 제시해 본다면 프로그램 기획, 프로그램 설계, 프로그램 마케팅(홍보), 프로그램 실행, 프로그램 평가의 순으로 개발할 수 있다. 첫째, 프로그램 기획은 프로그램 개발자가 프로그램과 관련된 상황을 분석하고 프로그램 개발에 기본방향을 설정하는 단계를 말한다. 둘째, 프로그램 설계는 청소년의 요구와 프로그램 개발의 기본방향에 맞게 프로그램의 목적과 목표를 설정하고 이와 관련된 프로그램 내용을 선정·조직하고 지도방법을 체계화시켜 활동매체를 개발하는 단계를 말한다. 셋째, 프로그램 마케팅은 프로그램에 잠재적 참여자의 참여를 유도하고 촉진시키기 위해 취해지는 조치를 말한다. 넷째, 프로그램 실행은 완성된 프로그램을 실제 적용하고 전개하는 단계를 말한다. 다섯째, 프로그램 평가는 일정 기간 동안 실시된 청소년프로그램을 대상으로 프로그램이 의도한 대로 제대로 잘 수행되었는지를 판단하는 과정을 말한다.

03 청소년프로그램 요구 분석 시 사용할 수 있는 기법 중 아래 3가지 기법을 설명해 보시오.
① 서베이 기법 ② 관찰법 ③ 델파이 기법

나의 답변

_____

_____

_____

_____

_____

_____

_____

_____

_____

_____

_____

모범 답안

① 서베이 기법: 서베이 기법은 잠재적 참여자가 요구하는 것에 대해 통합적이고 체계적인 방법으로 정보를 얻을 수 있는 가장 널리 쓰이는 기법이다. 주로 설문지를 통해 물어보는 질문지법과 직접 대면해서 물어보는 면접법이 있다.
② 관찰법: 관찰법은 도구를 사용하지 않는 측정이며, 만약 도구를 사용해도 그것을 측정하는 사람에게 영향을 미치지만 측정 받는 대상에게는 영향을 미치지 않는 측정이어야 한다. 관찰자가 조사 대상의 개인, 사회집단, 또는 지역사회의 행동이나 사회현상을 현장에서 직접 보거나 들어서 필요한 상황을 정확히 알아내는 방법이다. 이러한 관찰법에는 사람이 행하고 말하는 것을 관찰하는 방법과 사람들에게 자신과 타인의 행동에 대하여 질문하는 방법이 있다.
③ 델파이 기법: 전문가의 경험적 지식과 판단을 통해 앞으로 일어날 사건 또는 그 사건이 발생할 가능성들을 예측하는 데 있어 효과적 자원으로 구성될 수 있는 전문가 합의법이라고 한다.

프로그램 홍보방법을 말해 보시오.

[나의 답변]

모범 답안

① 인쇄물(포스터, 전단지, 리플릿)을 부착하거나, ② 전화(문자)를 직접 할 수 있다. ③ 광고(신문, 방송 등)를 활용할 수 있고, ④ 우편물을 발송하기도 하고, ⑤ 현수막을 기관 내외에 부착하며, ⑥ 인터넷(포털사이트, 게시판, SNS 등)을 활용하여 사람들의 반응까지 살펴볼 수 있다.

05 프로그램 평가모형 중 논리모형에 대해 설명해 보시오.

[나의 답변]

모범 답안

논리모형(logic model)은 프로그램 개발 및 평가모형으로써 프로그램을 수행하는 이유, 즉 계획하는 프로그램의 수행하려는 목표, 해결하고자 하는 문제와 프로그램의 주요 요소들 간의 논리적 관계를 나타내는 도식과 설명을 의미한다. 논리모형은 보통 상황, 투입, 활동, 산출, 성과(결과) 총 5개의 요소(순서)에 따라 평가하게 된다.

06 중학생 20명이 있다면, 이 청소년들을 대상으로 어떤 프로그램을 개발 및 운영하고 싶은지 말해 보시오.

(유사 질문: 청소년지도사가 되면 어떤 프로그램을 개발 · 운영하고 싶은지 말해 보시오.)

나의 답변

_____

_____

_____

_____

_____

_____

모범 답안

만약 중학생 20명이 있다면, 역사의 현장에 같이 가서 그 주변의 쓰레기를 줍고, 쓰레기 중에 재활용할 수 있는 것들을 골라서 재활용 물품을 만드는 활동을 하고 싶다. 이 활동을 통해 역사를 인식하는 것은 물론 역사 현장을 보존 · 관리해야 한다는 것과 더불어 환경오염의 심각성까지 느낄 수 있는 기회를 만들어 주고 싶다.

청소년문제와 보호

오늘날 청소년들이 가정, 학교, 사회 속에서 겪고 있는 다양한 문제와 고민들을 이해하며 이에 대한 해결 방안을 모색하고 예방적 접근에 대해 알아보는 과목이다.

01 우리 사회의 청소년문제 중 본인이 생각하는 가장 큰 문제는 무엇이라고 생각하는지 그 이유를 함께 말해 보시오.

[나의 답변]

_____

_____

_____

_____

_____

_____

_____

_____

_____

[모범 답안]

학교폭력의 수위가 올라가고 있는 것이 문제라고 생각한다. 신학기마다 학교폭력 실태조사를 벌이고, 언론매체를 통해 학교폭력 캠페인을 벌이는 등 나름의 노력을 하고 있지만, 그 수위는 점점 더 잔인해지고 있으며, 가해학생의 경우 죄책감은커녕 오히려 피해 학생을 매우 힘들게 한 것을 자랑삼아 얘기하는 상황이다. 이렇게 된 데에는 개인과 가정 내 문제도 있겠지만 대중매체를 비롯한 사회 전반에서 폭력을 행사하는 것이 당연시되는 문화가 있기 때문이다. 드라마나 영화 등에서 누군가를 심하게 욕하거나 때리는 장면이 청소년들에게도 쉽게 노출될 수 있는 환경이 청소년들에게 폭력을 정당화시킬 수 있기 때문이다.

02 약물을 오남용하는 청소년들의 문제가 무엇인지 말해 보시오.

나의 답변

모범 답안

청소년들에게 대표적인 약물로는 주로 담배, 술, 마약류 등이 있다. 청소년기의 약물 사용은 일단 시작하게 되면 벗어나기 힘들고, 더욱 깊이 중독 상태에 빠지게 되며, 남용자의 정신과 육체를 황폐화시키는 것은 물론 각종 범죄를 유발시킴으로써 사회에 직접적인 영향을 미친다. 또한 청소년의 유해약물중독은 약물의 중독적인 특성으로 인하여 상습적인 성인 중독자로 발전하는 데 중요한 요인으로 작용하고 있어 청소년이 건강한 성인으로 발달하는 데 치명적인 영향을 미친다.

03 가정 밖 청소년들을 어떻게 지원해야 하는지 말해 보시오.

나의 답변

_____

_____

_____

_____

_____

_____

_____

_____

_____

_____

_____

모범 답안

첫째, 가출 예방을 위한 가족통합지원을 확대해야 한다. 가정 밖 청소년들의 문제는 아이들만의 문제가 아니라 가족문제로 볼 수 있다. 가정 밖 청소년의 원가족에 대한 가정의 특정 문제를 변화시키지 않은 상태에서 가정 복귀 자체는 무의미할 수 있다.

둘째, 가정 밖 청소년들의 불건전한 금융거래를 예방할 수 있는 대비책을 마련하고 이에 따른 교육과 홍보를 실시해야 한다. 재정적 어려움을 겪는 가정 밖 청소년들은 일명 '핸드폰 내구제'와 같이 고금리가 적용되는 소액대출 등을 통해 자금을 융통하는 경우가 많은데, 이는 개인 빚으로 남아 경제적 자립에 걸림돌로 작용하게 되므로 이에 따른 대비책이 필요하다.

셋째, 가정 밖 청소년의 주거지원을 확대해야 한다. 모든 가정 밖 청소년이 가정으로 복귀를 원하는 것이 아니라 스스로 미래를 준비하는 계획을 세우는 경우도 많다. 그렇다면 가정으로의 복귀가 아닌 사회의 구성원으로 안정된 생활을 할 수 있도록 지원해야 한다.

04 청소년전화에 대해 설명해 보시오.

[나의 답변]

_____

_____

_____

[모범 답안]

청소년전화는 해당 지역번호에 1388 번호를 누르면, 상담전문가에게 연결되어 위기 청소년 및 복지 지원이 필요한 청소년이 상담을 하거나 긴급구조를 요청하는 것이다. 365일, 24시간 가능하며, 문자로도 가능하다.

05 학교폭력이 일어나는 이유를 말해 보시오.

[나의 답변]

_____

_____

_____

_____

[모범 답안]

'개인적 특성'과 관련한 원인으로는 공격성, 충동성이 높거나 자기통제가 잘되지 않는 경우에 학교폭력이 일어날 수 있으며, 친구와의 관계에서 사회적 기술이 부족하여 발생할 수 있다.

'가정'과 관련한 원인으로는 가정폭력으로 인해 학교폭력으로 이어질 수 있고, 가정에서의 부모 자녀 간 소통이 원활하지 않고 갈등을 많이 겪을 경우 역시 학교폭력과 관련이 있다.

'학교 및 또래' 관련 원인으로는 친구 간의 폭력이 일정부분 수용되는 학급 분위기, 입시 위주의 교육에 따른 스트레스, 경쟁심, 좌절감 등이 학교폭력으로 표출될 수 있다.

그 외 '사회적' 원인으로는 대중매체에서의 폭력노출 빈도가 높을수록 폭력에 대해 수용적이고, 죄의식을 둔감시킬 수 있다.

06

학교폭력 근절을 위한 대안을 말해 보시오.

[나의 답변]

모범 답안

첫째, 가정 내에서 부모자녀 간 원활한 상호작용이 이루어져야 한다.

둘째, 학교폭력을 예방하기 위한 학교문화와 안전한 학교환경을 형성하는 노력이 필요하다.

셋째, 안전한 학교환경을 위해 학교 교사, 교감, 교장 등 관계자들이 적극 관여하고 지원인력이 되어 주어야 한다. 특히 이들이 학교폭력에 대한 지식과 대처능력 등의 역량을 강화하는 것이 무엇보다 중요하다고 할 수 있다.

07 청소년들의 인터넷 과의존 이유를 설명해 보시오.

나의 답변

───────────────────────────────

───────────────────────────────

모범 답안

인터넷 공간에서는 실제의 자신이 아닌 이상적인 나로서 존재할 수 있고, 게임을 할 경우, 게임에서 이기게 되면 성취감이나 자신감을 얻게 되면서 더욱 인터넷(게임 포함)에 빠져들게 된다. 또한 가정에서 부모의 적절한 인터넷 사용에 대한 관리가 이루어지지 않는 것도 과의존하게 되는 원인이 될 수 있다.

참고: 기존에 사용하던 '인터넷 중독'은 '중독'의 부정적인 이미지를 없애기 위해 '인터넷 과의존'으로 변경하여 사용하고 있다.

08 인터넷 과의존에 속하는 청소년들을 인터넷 과의존으로부터 벗어나기 위한 방안을 말해 보시오.

나의 답변

───────────────────────────────

───────────────────────────────

───────────────────────────────

모범 답안

첫째, 저연령층부터 인터넷 과의존 예방교육을 실시해야 한다.
둘째, 인터넷 과의존 상담 및 치료의 방향은 디지털기기를 무조건 차단시키는 것이 아니라 지나친 이용 및 의존으로 생기는 정보 과잉, 피로감, 불량 정보유통 등의 부작용을 줄이고 생활의 균형을 잡을 수 있도록 해야 한다.

09 청소년자살예방을 위한 대안을 말해 보시오.

나의 답변

모범 답안

자살예방교육이 필요하다. 특히 교급별로 차별화된 교육이 필요하며, 생명존중, 감정 표현 방법, 긍정적인 사고훈련, 자살위험신호 알아차리기 등의 내용이 중요하게 다뤄지도록 한다. 또한 청소년들 주위에 자살위험이 있는 친구를 발견할 경우의 대처방법, 관련 상담기관 정보 등에 대해 지속적인 교육이 이루어져야 한다.

기타: 청소년과 관련된 사회 이슈

01 촉법소년 연령 하향조정에 대한 당신의 생각을 말해 보시오.

나의 답변

모범 답안

- **찬성입장**: 최근 범죄 연령대가 낮아지고 있는데, 그 수위는 점점 높아지고 있어서 실제 청소년들이 저지른 범죄라 하더라도, 과연 해당 범죄가 청소년들이 저지른 게 맞는지 의심이 될 지경까지 이르렀다. 또한 범죄를 저지른 청소년들이 촉법소년 제도가 있는 것을 악용하는 사례도 있다. 14세 이상 청소년들이 범죄를 저지르고도 옆에 있던 (범죄를 저지르지 않은) 14세 미만 청소년이 대신 자백하는 웃지 못할 일이 비일비재하다. 이런 청소년들은 성인 못지 않은 처벌을 받게 해서 반성할 수 있도록 해야 한다고 생각한다.
- **반대입장**: 아무리 범죄를 저질렀다고 하더라고 성인이 아닌 청소년기는 성장과정에 있기 때문에 실수할 수 있으므로 다시 돌이킬 수 있는 기회를 주어야 한다. 우리가 잘 알고 있는 범죄자들은 많은 경우에 어릴 때부터 범죄자로 낙인찍힌 경험을 갖고 있다. 청소년들이 저지른 범죄는 잘못된 것이 분명하지만, 이들에게 다시 한번 기회를 주는 것이 사회로써 해야 할 책임이라고 생각한다. 따라서 연령을 낮춰서 지금보다 더 많은 청소년들이 소년원에 들어가도록 하는 것이 적절치 않다고 생각한다.

제3부 과목별 주요내용

99

02 선거권 연령 하향조정에 대한 당신의 생각을 말해 보시오.

나의 답변

_____

_____

_____

_____

_____

_____

_____

_____

모범 답안

우리나라는 현재 18세 이상 선거에 참여하여 투표할 수 있도록 법으로 규정하고 있다. 그러나 이에 대해 18세보다 더 연령을 낮춰 더 많은 이들이 참여할 수 있도록 하자는 의견들이 있다.

- **찬성입장**: 18세 미만의 청소년들도 우리 사회의 구성원일 뿐 아니라 16, 17세 정도면 충분히 논리적인 사고가 가능할 만큼 성장발달이 되어 있어서 정치 및 투표에 대해 충분히 사고할 수 있는 능력이 있다. 이 경우 오히려 연령이 많음에도 불구하고 자신의 의견을 표현하지 못하는 성인들보다 훨씬 투표상황 및 우리 사회의 발전에 긍정적인 영향을 미칠 것이다. 또한 청소년들은 공부만 하는 대상이 아니다. 머지 않아 성인이 되어 사회에 대한 책임을 질 순간이 오는데, 그동안 사회에서 일어나는 일에 조금도 참여하지 않은 채 성인이 된다면 이 청소년들은 사회에 대해 책임지는 데 한계가 있을 것이다. 투표를 비롯한 사회활동을 통해 성인이 될 준비를 미리부터 하는 것이 적절하다고 생각한다.
- **반대입장**: 우리나라 청소년들은 대부분 학교에 있는 학생들이다. 특히 고등학생들은 입시를 위해 다른 데에 신경을 쓸 여유가 없는데 굳이 잘 알지 못하는 정치분야에 대해, 관련 인물에 대해 투표하게 하는 것이 맞을지는 생각해 보아야 한다. 어차피 청소년들에게는 사회적 책임을 부여하지 않는데, 권리인 투표만 하게 한다는 것이 모순이라고 본다.

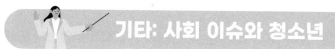

기타: 사회 이슈와 청소년

01 **4차산업혁명시대에 필요한 청소년지도사의 역할과 자질은 무엇인가?**

(이 외에 나올 수 있는 질문: 4차산업혁명시대에 필요한 청소년에게 필요한 능력은 무엇인가?)

나의 답변

모범 답안

- 디지털 문해력: 컴퓨터와 IT 기술에 대한 높은 이해와 활용 능력으로, 컴퓨터 소프트웨어와 하드웨어의 특징을 이해하고 이를 업무에 활용하고 적용할 줄 아는 능력
- 자기주도 학습능력: 빠른 변화에 대응하기 위해 스스로 지식과 기술을 찾아서 습득하고 자기주도적으로 학습하는 태도
- 문제해결능력: 기술의 진보와 세계화, 세대와 계층 간의 갈등으로 인해 발생하는 불확실하고 복잡한 문제를 창의적이고 능동적으로 해결할 수 있는 능력
- 협업능력: 구성원 간의 원활한 협업을 위해 다른 전문가들이 사용하는 기술과 언어를 이해하고, 그들이 일하는 방식과 생각하는 방식을 이해하고자 하는 능력
- 공감 및 소통능력: 인터넷과 SNS, 가상현실 등으로 연결된 초연결 사회에서 사람들의 욕구를 이해하고 공감하며 소통할 수 있는 능력

참고: 이 질문은 4차산업혁명시대에 누구에게나 필요한, 즉 청소년이나 청소년지도사 모두에게 필요한 능력이라고 판단된다.

출처: 워크넷, 4차산업혁명시대의 미래인재 (워크넷에서 발췌함)
https://www.work.go.kr/empSpt/empGuide/stg4IndGuide/Stg4IndJobGuide.do?level=1&kind=2

02 청소년들이 마약을 흡입하는 일이 많아지고 있는데 원인과 해결책이 무엇인지 말해 보시오.

> 나의 답변

> 모범 답안

- 원인: 청소년들은 스트레스, 호기심, 입시, 취업 등 심리적, 개인적 원인과 사회·문화 환경적 원인이 복합적으로 작용하여 마약류에 접근하고 있으며 신종마약류가 보다 강력하고 저렴한 이유로 접근하게 된다.
- 해결책: 첫째, 청소년 신종마약류 단속 시스템을 정비해야 하고, 둘째, 신종마약류 공급자에 대한 엄격한 처벌이 확립되어야 한다. 셋째, 신규 유통경로에 대한 모니터링 및 감시를 강화하고, 넷째, 청소년 마약사범 처우를 강화해야 한다. 다섯째, 청소년 신종마약중독의 예방교육을 강화해야 하며, 마지막으로 이와 같이 제시한 방안들을 효과적이고 집중적으로 운영할 수 있는 제도적 장치와 우리 사회의 관심이 전제되어야 한다.

출처: 이무송(2022). 청소년의 신종마약류중독 실태 및 대응방안 연구. 한국중독범죄학회보, 12(2), pp. 35-53.

03 4차산업혁명시대에 청소년활동은 어떻게 변화될 것인지에 대해 말해 보시오.

[나의 답변]

[모범 답안]

(아래 내용은 챗GPT가 미래의 청소년활동에 대해 답을 한 내용이다.)

미래 청소년활동은 디지털 기술과 자연 친화적인 활동이 조화롭게 결합될 것으로 예상된다. 예를 들어, 가상 현실 기술을 활용한 자연 체험 프로그램, 인공지능을 이용한 학습 지원 서비스, 로봇과 드론을 활용한 새로운 스포츠 등이 등장하고, 인터넷과 모바일 기기가 보편화되면서 온라인으로 가능한 활동들도 더욱 다양해질 것으로 예상된다. 예를 들어, 온라인으로 함께 코딩하거나 미술 작품을 공유하는 등의 활동이 더욱 활발해질 것이다.

출처: 주간한국(2023. 5. 7.) [손연기 칼럼] 챗GPT에게 미래 청소년활동을 묻다
https://www.hankooki.com/news/articleView.html?idxno=75886

04 챗GPT가 무엇인지 설명해 보시오.

─────────────────────────────────────

─────────────────────────────────────

─────────────────────────────────────

─────────────────────────────────────

─────────────────────────────────────

모범 답안

챗GPT는 인공지능회사인 오픈에이아이가 2022년 11월 30일에 공개한 대화형 인공지능이다. GPT는 'Generative Pre-trained Transformer'의 약자로, 이 AI 챗봇은 자연어 생성, 기계 번역, 질의응답, 요약 등의 작업을 수행할 수 있다.

제**4**부

최근 3년간 기출문제

면접시험은 필기시험과는 달리 시험 주관기관인 한국산업인력공단에서 공식적으로 기출문제를 제공하지 않아, 응시자가 직접 전해 주거나 sns를 통해 알게 된 최근 3년간(2020~2022년)의 면접시험 기출문제들을 모아 답안을 작성하였음을 밝힙니다.

가치, 철학

평 가 항 목	해당사항
1. 청소년지도사로서의 가치관 및 정신자세	◉
2. 용모 · 예의 · 품행 및 성실성	◉
3. 의사발표의 정확성 및 논리성	◉
4. 청소년에 관한 전문지식과 그 응용능력	
5. 창의력 · 의지력 및 지도력	

01 청소년지도사가 되려는 이유와 청소년지도사가 되기 위해 했던 노력은 무엇인가?

나의 답변

• 청소년지도사가 되려는 이유

나는 중·고등학교를 다니던 당시에 학교가 별로 재미없었고, 존재감 없이 학교를 오가기만 했으며, 선생님의 관심도 별로 받지 못했었다. 그런데 동네에 있는 청소년문화의집에 우연히 들르게 되었는데, 그곳에 계신 선생님이 나에게 관심을 가져주고, 친구들을 사귀게 되면서 그 전과는 달리 활발하고 적극적인 리더십이 있는 사람으로 바뀌게 되었다. 그래서 나도 나중에 청소년시설에서 근무하면 좋겠다고 생각했는데, 청소년문화의집 선생님에게 물으니 청소년지도사가 되면 된다고 해서 그동안 준비해서 이렇게 지원하게 되었다.

• 청소년지도사가 되기 위해 했던 노력

– 예시 1: 대학진학을 어떻게 해야 할지 몰라서 고민하던 때에 청소년문화의집 선생님과 얘기하게 되었고, 선생님은 청소년 관련 학과를 나왔다고 해서 나도 청소년 관련 학과에 진학하게 되어 이렇게 면접까지 보게 되었다.

– 예시 2: 동네에 있는 청소년수련관(청소년센터)에서 자원봉사활동을 지속적으로 해 왔다. 특히 청소년프로그램을 할 때 보조 스텝으로 프로그램이 원활하게 운영될 수 있도록 도왔다. 나중에 청소년 수련시설에 근무하게 되면 많은 도움이 될 것 같다.

– 예시 3: 지역에 있는 청소년수련시설 여러 곳을 꾸준히 다녔다. 수련시설에 갈 때마다 거기에 계신 지도사 선생님에게 인사 드리고, 궁금한 점들을 물어보면서, 해당 시설의 특성 등을 파악해 보기도 하였다. 나중에 내가 청소년지도사가 되면 그때 봤던 여러 시설의 특성들을 참고해서 청소년들이 오고 싶어하는 멋진 수련시설로 만들어 보고 싶다.

참고: 해당 문항은 지극히 개인적인 경험을 묻는 질문으로, 답안은 예시일 뿐이다. 모범 답안에 쓰인 그대로 면접에서 답을 할 경우, 문제가 발생할 수 있다. 만약 모범 답안의 내용대로 답을 한 후에 면접관이 추가적인 질문을 하게 되면 낭패를 볼 수 있으므로, 최대한 본인이 진정성 있는 답안을 준비해서 가기를 바란다. 정말 청소년지도사가 되려는 진심이 담긴 내용을 전달하면 된다. 모범 답안은 예시이므로 참고 정도로 봐야 한다.

나의 답변

모범 답안

• 예시 1
- **강점**: 성격이 밝고, 청소년들을 매우 좋아한다.
- **약점**: 인내심이 부족하다. 어떤 청소년이든 잘 수용할 수 있어야 하는데, 간혹 예의 없이 행동하거나 규칙을 잘 지키지 않는 청소년을 보면 받아들이지 못할 수도 있다.

• 예시 2
- **강점**: 사회성이 높고, 배려심이 큰 편이다. 처음 수련시설에 온 청소년들에게 먼저 안내하고, 어색하지 않도록 도와줄 수 있다.
- **약점**: 창의력이 부족하다. 다양한 청소년활동 프로그램을 많이 개발해야 할 것 같은데, 아이디어가 부족해서 다른 자료들을 많이 찾아봐야 할 것 같다.

03 청소년지도사가 되면 무엇을 하고 싶은가?

나의 답변

───────────────────────────────

───────────────────────────────

───────────────────────────────

───────────────────────────────

───────────────────────────────

───────────────────────────────

───────────────────────────────

───────────────────────────────

───────────────────────────────

───────────────────────────────

───────────────────────────────

───────────────────────────────

───────────────────────────────

───────────────────────────────

모범 답안

• 예시 1

만약 청소년지도사가 되고 나서 청소년 수련시설에 근무하게 된다면, 청소년수련시설을 예쁘게 꾸미고 싶다. 꼭 비용을 많이 들이지 않더라도 재능있는 청소년 및 성인 자원봉사들과 함께 시설 내부에 환한 색상의 컬러와 그림으로 딱딱하지 않은, 청소년들이 오고 싶어 하는 그런 시설로 만들고 싶다.

• 예시 2

수련시설 내 여러 동아리를 만들어서 평상시에는 이 동아리 회원들과 소통도 하고, 각 동아리별로 준비해서 외부 봉사활동도 다니고, 연말에는 멋진 발표회도 하고 싶다.

04 본인이 청소년기관이나 시설에 근무하게 된다면 어떤 프로그램을 개발하고 싶은가?

나의 답변

• 예시 1

동네 청소년과 어른들이 함께 하는 축제를 기획하고 싶다. 준비할 때부터 청소년들과 어른들이 함께 고민하고, 의견을 교환하면서 동네잔치를 여는 것이다. 어른들에 의한 축제가 아닌 청소년들이 어른들과 파트너십을 발휘하면서 즐겁게 참여하는 축제를 만들어 보고 싶다.

• 예시 2

그동안 해 보고 싶었던 프로그램들을 마음껏 하고 싶다. 강좌형의 프로그램보다 청소년과 기성세대가 소통하면서 마을 내 문제들을 하나씩 해결해 가는 그런 프로그램도 해 보고 싶고, 청소년들과 밤을 새면서 토론하는 프로그램도 마련하고 싶다.

05 청소년학을 공부하기 전과 공부한 이후를 비교해 보면 청소년을 바라보는 시각이나 관점이 달라진 게 있는가?

나의 답변

모범 답안

청소년학을 공부하기 전에는 일반적인 성인들의 시각처럼 '중2병'"청소년문제'와 같이 청소년들을 부정적으로 생각했었고, 사실 강의 초반에도 청소년들에 대한 긍정적인 관점의 설명을 들을 때 너무 어색하거나 과연 그런가 하는 의구심이 들었었는데, 수업을 오랫동안 들으면서 내가 편협된 생각을 갖고 있었다는 생각을 하게 되었다. 특히 실습을 나갔을 때에 청소년단체 행사에 스텝으로 함께 했었는데 거기 참여한 청소년들이 오히려 스텝인 나보다 훨씬 더 적극적이고 능동적으로 참여하는 것을 보면서 깜짝 놀랐던 기억이 있다. 그때부터 청소년들이 오히려 어른들보다 나을 수 있다는 생각을 하게 된 것 같다.

참고: 이 질문은 응시자가 대학에서 청소년 관련 학과에서 공부했다고 할 경우, 추가 질문으로 나올 수 있다.

111

06 청소년지도사가 되는데 영향을 준 사람은 누구인가?

나의 답변

모범 답안

고등학교 다닐 때 학교에서 청소년수련원에 2박 3일 수련회를 다녀온 적이 있다. 그때 학교와 학원에서 벗어나서 좋기도 했지만, 거기 수련원에서 우리를 지도해 주신 선생님들이 너무 재미있고 멋있었다. 거기 있는 동안 무언가에 홀린 듯 시간이 어떻게 지나는지도 모른 채 프로그램마다 집중해서 참여했던 것 같다. 나중에 돌아오고 나서도 가끔씩 생각이 나서 혼자 웃곤 했는데, 바로 거기 있던 그 선생님들이 청소년지도사라는 것을 알게 되었고, 나도 그 선생님들처럼 학업에 지친 청소년들에게 좋은 프로그램으로 위로도 해 주고, 즐거움도 주고 싶었다. 거기 계신 선생님들 모두 청소년들을 위해 충분히 매력적인 일을 하시는 분으로 생각되었다.

07 주변에 청소년지도사의 역할과 책무를 소개하려고 할 때 어떻게 말할 것인가?

나의 답변

모범 답안

수업시간에 들은 이론적인 설명보다는 주변에 있는 분들이 알아듣기 쉽게, 청소년들을 위한 여러 가지 프로그램을 만들고 실행하는 사람이라고 말할 것이다. 그리고 그런 프로그램을 만드는 이유는 청소년들이 균형있는 성장을 위해서, 즉 공부만 잘하는 청소년이 아니라 일상생활도 잘 해서 나중에 좋은 어른이 될 수 있도록 도와주기 위해서라고 말할 것이다.

08 청소년지도사가 갖추어야 하는 가장 중요한 능력은 무엇인가?

나의 답변

모범 답안

의사소통 능력이라고 생각한다. 청소년지도사는 청소년들과 또 동료 청소년지도사들과 끊임없는 소통을 통해서 청소년들을 지도하게 되므로 타인과 원활하게 대화하고 공유할 수 있는 의사소통 능력이 중요하다고 생각한다.

09 청소년지도사가 가져야 하는 전문성과 본인이 갖고 있는 전문성 한 가지만 설명해 보시오.

나의 답변

모범 답안

지역사회 네트워크를 구축하는 것이 전문성 중 하나라고 생각한다. 특히 청소년기관 · 단체 · 시설에서 근무하게 되면 한정된 자원으로 사업을 해야 하는 경우가 발생하는데, 이 때 필요한 전문성이 '지역사회 네트워크 구축'이라고 생각한다. 내가 근무하는 기관에서 물적 자원이 부족하다면 그동안 구축해 놓은 지역사회 네트워크를 통해서 지원을 받을 수도 있고, 또 인적자원이 필요하다면 지역 내 네트워크를 통해 해당 인력을 발굴하고 연결할 수 있어야 한다고 생각한다.

본인은 대학시절에도 학교 행사 기획 시에 학교 주변 상가 등을 중심으로 후원을 받아오는 일도 했었고, 졸업한 이후에도 먼저 다녔던 직장에서 필요한 자원들을 알아보고 연결하는 일들을 했었기 때문에, 청소년지도사가 된 이후에도 충분히 지역사회 내 자원들을 연결해서 네트워크를 구축할 수 있으리라고 생각한다.

10 4차산업혁명시대에 필요한 청소년지도사의 역할과 자질은 무엇인가?

나의 답변

모범 답안

- 디지털 문해력: 컴퓨터와 IT 기술에 대한 높은 이해와 활용 능력으로, 컴퓨터 소프트웨어와 하드웨어의 특징을 이해하고 이를 업무에 활용하고 적용할 줄 아는 능력
- 자기주도 학습능력: 빠른 변화에 대응하기 위해 스스로 지식과 기술을 찾아서 습득하고 자기주도적으로 학습하는 태도
- 문제해결능력: 기술의 진보와 세계화, 세대와 계층 간의 갈등으로 인해 발생하는 불확실하고 복잡한 문제를 창의적이고 능동적으로 해결할 수 있는 능력
- 협업능력: 구성원 간의 원활한 협업을 위해 다른 전문가들이 사용하는 기술과 언어를 이해하고, 그들이 일하는 방식과 생각하는 방식을 이해하고자 하는 능력
- 공감 및 소통능력: 인터넷과 SNS, 가상현실 등으로 연결된 초연결 사회에서 사람들의 욕구를 이해하고 공감하며 소통할 수 있는 능력

출처: 워크넷, 4차산업혁명시대의 미래인재 (워크넷에서 발췌함)
https://www.work.go.kr/empSpt/empGuide/stg4lndGuide/Stg4IndJobGuide.do?level=1&kind=2

11 청소년정책 중 본인이 중요하다고 생각하는 정책의 내용과 그 이유는 무엇인가?

나의 답변

모범 답안

제7차 청소년정책 기본계획 중에서,

• 예시 1
  – 미래역량 제고 활동 확대: 청소년 특성을 고려한 금융 경제 교육 프로그램 지원, 청소년지도자 경제분야 역량강화 위한 연수과정 개발 및 인력풀 운영

의견: 금융 및 경제교육이 어렸을 때부터 되지 않아 청소년도박문제가 벌어지기도 하고, 성인이 된 이후 주식으로 인해 심한 피해를 겪는 일이 있다. 따라서 초등학교 시기부터 금융경제 교육을 통해 청소년들이 경제에 대해 올바르게 인지할 수 있는 기회를 제공할 뿐만 아니라 청소년수련시설에서도 지도자들의 관련 연수를 통해 수시로 청소년들에게 경제 프로그램을 할 수 있도록 지원이 되어야 한다고 본다.

• 예시 2
  – 전문 분야별 진로탐색 활동 지원: 농촌지역 인재양성 및 청소년 진로 지원을 위한 특화 프로그램 개발 · 운영
  특화 프로그램: 농업 전망에 대한 이해와 체험 프로그램 기획, 선진농업 체험 프로그램 운영, 첨단기술 활용교육(드론활용, 스마트팜 등), 농업 관련 취 · 창업 역량 교육 프로그램 구성 및 운영 등)

의견: 청소년들이 다양한 진로를 경험할 기회가 없어서 진로선택에 어려움이 많고, 또한 특정직업군 선호경향이 심화되고 있는 상황을 감안하여 다양한 진로탐색 프로그램이 많아져야 한다고 본다. 특히 농업관련 진로에 대해서는 청소년들이 거의 무지한 상황이므로 최근 시대변화에 따른 농업기술의 발전과 그에 따른 스마트 농법 등의 진로탐색 프로그램은 농업 관련 진로에 대해 새롭게 알게 되는 기회가 될 뿐 아니라 다양한 진로탐색활동에 탄력을 줄 수 있을 것으로 생각한다.

• 예시 3
  – 지역 내 소규모 청소년활동 공간 설치 운영: 지역 유휴시설 등 활용한 소규모 청소년활동 공간(시설) 설치 운영

| (수원, 6개소) 자유공간 청개구리 연못 | (군포, 4개소) 청소년카페 Teen터 | (고양, 3개소) 청소년자유공간 | (천안, 6개소) 청다움 |

출처: 관계부처합동(2023). 제7차 청소년정책 기본계획(2023-2027). p. 36.

의견: 기존에 있는 청소년수련관, 청소년문화의집들은 청소년 인구 수에 비해 매우 부족하며, 또한 기존의 수련관과 문화의집들은 청소년들이 자율적으로 이용할 수 있는 공간이 부족하고, 놀이와 휴식공간이 부족하였다. 따라서 지역 내 유휴시설을 활용하여 소규모로 청소년들이 기존 수련시설에 비해 자율적으로 이용하며 쉴 수 있는 공간인 '자유공간'을 설치하는 것은 매우 바람직하다고 생각한다.

참고: 모범 답안과 같이 청소년정책 기본계획에서 선택해도 되고, 현재 시행되고 있는 청소년정책들 (예: 수련활동 인증제, 방과후아카데미 등) 중에 선택해도 된다.

<참고자료>

〈제7차 청소년정책 기본계획 '비전 및 목표'〉

비전	디지털 시대를 선도하는 글로벌 K-청소년

목표	청소년 성장기회 제공	안전한 보호 환경 조성

	대과제(5개)	중과제(14개)
정책 과제	① 플랫폼 기반 청소년활동 활성화	1-1. 청소년 디지털역량 활동 강화 1-2. 청소년 미래역량 제고 1-3. 다양한 체험활동 확대 1-4. 학교안팎 청소년활동 지원 강화
	② 데이터 활용 청소년 지원망 구축	2-1. 위기 청소년 복지지원체계 강화 2-2. 청소년 자립 지원 강화 2-3. 청소년 유형별 맞춤형 지원
	③ 청소년 유해환경 차단 및 보호 확대	3-1. 청소년이 안전한 온·오프라인 환경 조성 3-2. 청소년 범죄 예방 및 회복 지원 3-3. 청소년 근로보호 강화
	④ 청소년의 참여·권리 보장 강화	4-1. 청소년참여활동 강화 4-2. 청소년 권익 증진
	⑤ 청소년정책 총괄 조정 강화	5-1. 청소년정책 인프라 개선 5-2. 지역 맞춤형 청소년정책 추진체계 구축

출처: 관계부처합동(2023). 제7차 청소년정책 기본계획(2023-2027). p. 19.

12 지역사회에 청소년지도사가 필요한 이유는 무엇인가?

나의 답변

청소년지도사 자격제도는 청소년들이 학교교육 만으로는 균형 있는 성장이 어렵기 때문에 시작된 것으로 알고 있다. 학교 외에 청소년들을 전문적으로 지도할 인력이 필요했기 때문이다. 우리나라 청소년들이 학교와 학원을 오가는 생활을 하고 있어서 일상생활에서 스트레스가 가득하고, 빨리 어른이 되어 입시지옥에서 벗어나기를 갈망하기도 한다. 이렇게 학교나 입시 위주의 생활만 있고, 그 외의 생활은 아무것도 보장받지 못한다고 한다면 우리나라 청소년들은 건강하지 못할 것이다. 그래서 청소년지도사가 필요하고, 청소년활동이 필요한 것이다. 청소년지도사가 우리 청소년들에게 숨 쉴 수 있는 통로인 청소년활동으로 안내할 수 있기 때문이다. 교급이 올라갈수록 시간적인 여유도 없이 쫓기는 생활을 살기도 하지만 가끔이라도 청소년수련시설에 가서 청소년활동 프로그램에 참여하기도 하고, 꼭 프로그램이 아니더라도 청소년지도사 선생님과 함께 가벼운 대화를 나누는 것도 우리 청소년들이 현실을 버텨낼 수 있는 힘이 된다고 본다. 그래서 청소년지도사가 필요하다고 생각한다.

13 청소년지도사로 근무하게 된다면 동료관계에서 어떤 역할이 중요하다고 생각하는가?

나의 답변

모범 답안

겸손과 배려의 역할이 필요하다고 생각한다. 청소년지도사 자격은 모두 갖추고 있는 상황이므로 본인만 전문가가 아니라 모두 전문성을 갖고 있기 때문에 공통의 문제에 의견이 다를지라도 다른 동료의 의견을 경청하고, 그럴 수 있음을 인정하는 자세가 필요하다. 또 기관 내 힘든 일이 있을 때, 본인이 먼저 나서서 솔선수범하여 문제를 해결하는 노력이 필요하다.

전문지식

평 가 항 목	해당사항
1. 청소년지도사로서의 가치관 및 정신자세	
2. 용모 · 예의 · 품행 및 성실성	
3. 의사발표의 정확성 및 논리성	◉
4. 청소년에 관한 전문지식과 그 응용능력	◉
5. 창의력 · 의지력 및 지도력	

01 청소년수련활동 인증제에 대하여 설명해 보시오.

[나의 답변]

[모범 답안]

청소년수련활동 인증제는 청소년수련활동이 청소년의 균형 있는 성장에 기여할 수 있도록 국가 및 지방자치단체 또는 개인, 법인, 단체 등이 실시하고자 하는 청소년수련활동을 인증하고, 인증된 수련활동에 참여한 청소년의 활동 기록을 유지 · 관리 · 제공하는 청소년수련활동 프로그램에 대한 국가인증제도이다.

02 청소년수련활동 신고제에 대해 말해 보시오.

나의 답변

_____

_____

_____

_____

모범 답안

청소년수련활동 신고제는 19세 미만의 청소년을 대상으로 하는 청소년수련활동의 실시 계획을 신고
하도록 하고 신고 수리된 내용을 인터넷에 공개하여 국민이 정보를 활용할 수 있도록 하는 제도이다.

03 '인증수련활동'의 활동유형에는 어떤 것들이 있는지 설명해 보시오.

나의 답변

_____

_____

_____

_____

_____

_____

_____

_____

모범 답안

활동유형	프로그램
기본형	전체 프로그램 운영 시간이 2시간 이상으로써, 실시한 날에 끝나거나 또는 2일 이상의 각 회기로 구성되어 있으며, 숙박 없이 수일에 걸쳐 이루어지는 활동
숙박형	숙박에 적합한 장소에서 일정 기간 숙박하며 이루어지는 활동
이동형	활동 내용에 따라 선정된 활동장을 이동하여 숙박하며 이루어지는 활동
학교단체 숙박형	학교장이 참가를 승인한 숙박형 활동

참고: 위 유형은 <u>일반적인 청소년활동이 아닌 청소년수련활동 인증제에 의해 청소년활동 프로그램을 인증신청하려고 할 때</u> 구분하는 유형이므로 헷갈리지 않기를 바람

<비교>

- 청소년활동의 유형 또는 청소년활동의 분류(8종)
  - 건강증진활동
  - 교류활동
  - 문화예술활동
  - 진로활동
  - 과학정보활동
  - 모험탐사활동
  - 자원봉사활동
  - 참여활동

참고: 우리나라에서 '청소년활동의 유형(분류, 종류)'이라고 확정한 것은 없으며, 다만 여성가족부, 한국청소년활동진흥원(2015)의 연구결과에 따라 8종으로 분류한 것을 위에 제시하였다.

04 청소년수련시설 종류를 모두 말해 보시오.

(유사 질문: 청소년수련시설을 3가지 이상 설명해 보시오. / 청소년수련관과 청소년문화의집의 차이를 설명해 보시오.)

나의 답변

_____

_____

_____

_____

_____

_____

_____

_____

모범 답안

① 청소년수련관: 다양한 청소년수련거리를 실시할 수 있는 각종 시설 및 설비를 갖춘 종합수련시설
② 청소년수련원: 숙박기능을 갖춘 생활관과 다양한 청소년수련거리를 실시할 수 있는 각종 시설과 설비를 갖춘 종합수련시설
③ 청소년문화의 집: 간단한 청소년수련활동을 실시할 수 있는 시설 및 설비를 갖춘 정보 · 문화 · 예술 중심의 수련시설
④ 청소년특화시설: 청소년의 직업체험, 문화예술, 과학정보, 환경 등 특정 목적의 청소년활동을 전문적으로 실시할 수 있는 시설과 설비를 갖춘 수련시설
⑤ 청소년야영장: 야영에 적합한 시설 및 설비를 갖추고, 청소년수련거리 또는 야영편의를 제공하는 수련시설
⑥ 유스호스텔: 청소년의 숙박 및 체류에 적합한 시설 · 설비와 부대 · 편익시설을 갖추고, 숙식편의 제공, 여행청소년의 활동지원을 기능으로 하는 시설

참고: 수련관과 문화의집의 차이는 위에 제시된 바와 같이 수련관은 '다양한 수련활동'을 실시할 수 있는 '종합수련시설'이고, 문화의집은 '간단한 수련활동'을 할 수 있는 시설 · 설비를 갖춘 '정보 · 문화 · 예술 중심의 수련시설'이라는 점이다!!!

05 청소년특화시설이 무엇인지 설명해 보시오.

나의 답변

모범 답안

청소년의 직업체험, 문화예술, 과학정보, 환경 등 특정 목적의 청소년활동을 전문적으로 실시할 수 있는 시설과 설비를 갖춘 수련시설(예: 청소년문화교류센터, 청소년미디어센터, 청소년직업체험센터 등)

06 청소년활동시설의 종류와 그 기능은 무엇인가?

나의 답변

모범 답안

청소년활동시설은 청소년수련시설과 청소년이용시설로 구분된다.
'청소년수련시설'은 청소년지도사에 의해 청소년활동을 전문적으로 실시하는 곳을 말하며, 청소년수련관, 청소년문화의집, 청소년수련원, 청소년특화시설, 청소년야영장, 유스호스텔이 있다. '청소년이용시설'은 청소년활동을 전문적으로 실시하는 곳은 아니지만, 청소년활동을 실시하거나 청소년의 건전한 이용 등에 제공할 수 있는 시설을 말한다(예: 박물관, 체육센터, 복지관 등). 이곳에서도 청소년지도사가 아닌 해당 분야 전문인력이 청소년대상 프로그램을 실시한다. 체육센터에서도 청소년 체력향상 프로그램, 복지관에서도 청소년 대상 문화강좌를 실시한다.

07

청소년수련관의 청소년지도사 배치기준은 무엇인가?

(유사 질문: 청소년수련시설의 청소년지도사 배치기준은 무엇인가?)

나의 답변

모범 답안

청소년수련관은 1급 또는 2급 청소년지도사 각각 1명 이상을 포함하여 4명 이상의 청소년지도사를 두되, 수용인원이 500명을 초과하는 경우에는 500명을 초과하는 250명당 1급, 2급 또는 3급 청소년지도사 중 1명 이상을 추가로 둔다.

참고: 배치기준은 현장에 있는 청소년지도사들도 정확히 잘 모르며, 청소년수련시설 전체의 배치기준을 알아야 하는 것은 매우 비현실적이다. 그러나 현장의 상황을 잘 모르는 면접관인 경우, 질문을 할수는 있는데 수련시설 전체까지는 아니더라도 청소년수련관, 청소년문화의집 정도는 알고 있는 것이 도움이 될 수 있다!!!

청소년지도사 배치대상 및 배치기준
청소년 기본법 시행령 [별표 5]

가. 청소년수련시설

배치대상	배치기준
청소년수련관	1급 또는 2급 청소년지도사 각각 1명 이상을 포함하여 4명 이상의 청소년지도사를 두되, 수용인원이 500명을 초과하는 경우에는 500명을 초과하는 250명당 1급, 2급 또는 3급 청소년지도사 중 1명 이상을 추가로 둔다.
청소년수련원	1) 1급 또는 2급 청소년지도사 1명 이상을 포함하여 2명 이상의 청소년지도사를 두되, 수용정원이 500명을 초과하는 경우에는 1급 청소년지도사 1명 이상과 500명을 초과하는 250명당 1급, 2급 또는 3급 청소년지도사 중 1명 이상을 추가로 둔다. 2) 지방자치단체에서 폐교시설을 이용하여 설치한 시설로써 특정 계절에만 운영하는 시설의 경우에는 청소년지도사를 두지 않을 수 있다.
유스호스텔	청소년지도사를 1명 이상 두되, 숙박정원이 500명을 초과하는 경우에는 1급 또는 2급 청소년지도사 1명 이상을 추가로 둔다.
청소년야영장	1) 청소년지도사를 1명 이상 둔다. 다만, 설치·운영자가 동일한 시·도 안에 다른 수련시설을 운영하면서 청소년야영장을 운영하는 경우로써 다른 수련시설에 청소년지도사를 둔 경우에는 그 청소년야영장에 청소년지도사를 별도로 두지 않을 수 있다. 2) 국가, 지방자치단체, 그 밖에 공공법인이 설치·운영하는 청소년야영장으로써 청소년수련거리의 실시 없이 이용 편의만 제공하는 경우에는 청소년지도사를 두지 않을 수 있다.
청소년문화의집	청소년지도사를 1명 이상 둔다.
청소년특화시설	1급 또는 2급 청소년지도사 1명 이상을 포함하여 2명 이상의 청소년지도사를 둔다.

나. 청소년단체

청소년단체	청소년회원 수가 2천 명 이하인 경우에는 1급 청소년지도사 또는 2급 청소년지도사 1명 이상을 두되, 청소년회원 수가 2천 명을 초과하는 경우에는 그 초과하는 2천 명마다 1급 청소년지도사 또는 2급 청소년지도사 1명 이상을 추가로 두며, 청소년회원 수가 1만 명 이상인 경우에는 청소년지도사의 5분의 1 이상은 1급 청소년지도사로 두어야 한다.

08 국제청소년성취포상제의 대상과 종류에 대해 말해 보시오.

나의 답변

모범 답안

- 대상: 14세 이상 24세 이하 청소년
- 활동영역: 봉사활동, 자기개발활동, 신체단련활동, 탐험활동, 합숙활동(금장에 한함)
- 포상단계: 동장(6개월), 은장(6~12개월), 금장(12~18개월)

09 청소년자기도전포상제에 대해 설명해 보시오.

나의 답변

모범 답안

• 예시 1

청소년자기도전포상제는 7세 이상 15세 이하이거나 초등학교 1학년 이상 중학교 3학년 이하의 청소년이 운영기관에 등록하여 포상단계에 따른 활동을 수행하고 자신이 설정한 목표를 성취하였을 경우 포상하는 제도이다. 우리나라에만 있는 제도이다.

• 예시 2

- 대상: 7세 이상 15세 이하이거나 초등학교 1학년 이상 중학교 3학년 이하의 청소년
- 활동영역: 봉사활동, 자기개발활동, 신체단련활동, 탐험활동, 진로개발활동(총 5가지 활동 영역 중 4가지 영역을 선택하여 활동)
- 포상단계: 동장(16주), 은장(16~32주), 금장(24~48주)

10 청소년참여기구의 정의와 참여기구의 문제점은 무엇인가?

(유사 질문: 청소년특별회의, 청소년참여위원회, 청소년운영위원회의 차이점은 무엇인가?)

나의 답변

모범 답안

청소년참여기구는 청소년이 자신의 삶에 영향을 미치는 의사결정에 관여하는 과정으로, 청소년이 주도적으로 행복한 환경을 만들고 시민으로 성장할 수 있는 활동을 하는 기구를 말하며 청소년특별회의, 청소년참여위원회, 청소년운영위원회를 의미한다.

청소년참여기구는 청소년들의 의견을 정책에 반영하고자 만들어진 기구인데 실제로 청소년들의 의견이 정책에 잘 반영되고 있는지 의구심이 들기도 한다. 기구별로 보면, '청소년특별회의'는 다소 형식적이고 일회성·이벤트성 행사가 다수 차지하고 있고, '청소년참여위원회'의 경우는 청소년 의견을 정책에 반영할 수 있는 시스템 구축이 미흡하며, '청소년운영위원회'는 실제적인 시설운영참여 권한보장이 가장 큰 문제로 지적된다.

출처: 최창욱, 전명기(2013). 청소년참여기구 활성화 방안. 세종: 한국청소년정책연구원.

11 제7차 청소년정책 기본계획에 대해서 설명해 보시오.

(기출문제는 제6차 청소년정책 기본계획이었으나 2023년부터 제7차 청소년정책 기본계획이 시행 중이므로 문항을 수정하였음)

나의 답변

모범 답안

제7차 청소년정책 기본계획은 2023년부터 2027년까지 시행된다. '디지털 시대를 선도하는 글로벌 K-청소년'이라는 비전으로, 청소년 성장기회 제공, 안전한 보호환경 조성을 목표로 한다.

12 청소년기본법에 대해 설명해 보시오.

나의 답변

모범 답안

청소년의 권리 및 책임과 가정 · 사회 · 국가 · 지방자치단체의 청소년에 대한 책임을 정하고 청소년정책에 관한 기본적인 사항을 규정하기 위해 제정된 법이다.

13 청소년 관련 법령에 대해 말해 보시오.

나의 답변

모범 답안

청소년기본법, 청소년활동진흥법, 청소년복지지원법, 학교 밖 청소년지원에 관한 법률, 청소년보호법, 소년법, 아동·청소년의 성보호에 관한 법률

14 청소년어울림마당이 무엇인지 설명해 보시오.

나의 답변

모범 답안

청소년어울림마당은 문화예술, 스포츠 등을 소재로 한 공연, 경연, 전시, 놀이 체험 등 다양한 활동이 펼쳐지는 장으로, 청소년의 접근이 용이하고 다양한 지역사회자원이 결합된 일정한 공간을 말한다. 전국적으로 이 공간에서 청소년들의 활동이 펼쳐지고, 이를 청소년어울림마당이라고 부른다.

15 자유학기제와 청소년지도자로서의 역할은 무엇인가?

나의 답변

_____

_____

_____

모범 답안

중학교 과정 중 한 학기 동안 학생들이 시험 부담에서 벗어나 꿈과 끼를 찾을 수 있도록 본인이 속한 기관에서 진로 탐색활동 프로그램을 개발하여 운영하거나 인근 학교와 협약(MOU)을 체결하여 학생들이 우리 기관에서 다양한 진로체험 및 탐색을 할 수 있도록 해야 한다.

16 프로그램 개발의 단계와 가장 중요하다고 생각하는 단계는 무엇인가?

나의 답변

_____

_____

_____

_____

모범 답안

프로그램 개발은 프로그램 기획, 프로그램 설계, 프로그램 마케팅(홍보), 프로그램 실행, 프로그램 평가의 단계가 있다. 그 중 가장 중요한 단계는 설계 단계라고 생각한다. 프로그램 설계는 기획 단계에서 대략적으로 생각했던 프로그램을 구체화하는 과정으로, 단순히 끄적이는 단계가 아니며, 보다 정교하고 꼼꼼함을 요구하는 단계이다. 건축에서의 설계 역시 정교하게 설계가 되지 않으면 건물이 제대로 나올 수가 없는 것처럼 프로그램 개발 시에도 초반에 설계 과정을 통해 프로그램의 기본방향과 목적 및 목표를 설정하고 내용을 잘 선정해야 청소년들을 위한 내실있는 프로그램이 개발될 수 있다.

17 청소년안전망(CYS-Net)에 대하여 말해 보시오.

나의 답변

모범 답안

청소년을 위한 사회안전망으로 지역사회 내의 활용가능한 자원을 적절히 연계하여 위기 청소년을 효과적으로 돕기 위한 통합지원 네트워크이다. 전국의 청소년상담복지센터가 CYS-Net의 허브 기관으로 청소년문제를 진단·평가하고 필요한 서비스를 제공하고 있다.

참고: 청소년복지지원법에는 '지역사회 청소년통합지원체계'라고 명시되어 있으나 청소년 현장에서는 2019년 7월 1일부터 '청소년 안전망'으로 부르고 있다. 영문표기는 그대로 CYS-Net으로 사용한다.

18 청소년증에 대해 말해 보시오.

나의 답변

모범 답안

청소년증은 9세 이상 18세 이하 청소년들이 학생 여부와 상관없이 본인이 청소년임을 확인하는 신분증을 말한다. 청소년증으로 시험 응시에 따른 신분증, 청소년우대 증표(문화시설 이용료 면제, 할인 등), 교통카드의 용도로 사용할 수 있다. 청소년 본인이나 대리인(친권자, 청소년시설 내 보호자)이 신청 가능하며, 전국 어디서든 가까운 주민센터에서 신청할 수 있다.

19 청소년복지시설의 종류를 말해 보시오.

나의 답변

모범 답안

청소년복지시설의 종류에는 청소년쉼터, 청소년자립지원관, 청소년치료재활센터, 청소년회복지원시설이 있다. 첫째, '청소년쉼터'는 가정 밖 청소년에 대하여 가정·학교·사회로 복귀하여 생활할 수 있도록 일정 기간 보호하면서 상담·주거·학업·자립 등을 지원하는 시설을 말한다. 둘째, '청소년자립지원관'은 일정 기간 청소년쉼터 또는 청소년회복지원시설의 지원을 받았는데도 가정·학교·사회로 복귀하여 생활할 수 없는 청소년에게 자립하여 생활할 수 있는 능력과 여건을 갖추도록 지원하는 시설이다. 셋째, '청소년치료재활센터'는 학습·정서·행동상의 장애를 가진 청소년을 대상으로 정상적인 성장과 생활을 할 수 있도록 해당 청소년에게 적합한 치료·교육 및 재활을 종합적으로 지원하는 거주형 시설을 의미한다. 넷째, '청소년회복지원시설'은 「소년법」 제32조 제1항 제1호에 따른 감호 위탁 처분을 받은 청소년에 대하여 보호자를 대신하여 그 청소년을 보호할 수 있는 자가 상담·주거·학업·자립 등 서비스를 제공하는 시설을 말한다.

20 꿈드림이 무엇인지 말해 보시오.

나의 답변

모범 답안

꿈드림은 학교를 그만 둔 학교 밖 청소년들을 지원하기 위해 만들어진 학교밖청소년지원센터의 이름이다. 전국에 있는 꿈드림에서는 학교 밖 청소년의 개인적 특성과 상황을 고려한 상담지원, 교육지원, 직업체험 및 취업지원, 자립지원 등의 프로그램을 실시하고 있다.

21 우범소년과 촉법소년에 대해 설명해 보시오.

(유사 질문: 우범소년과 촉법소년의 차이점을 설명해 보시오.)

나의 답변

모범 답안

소년보호사건의 대상에는 범죄소년, 촉법소년, 우범소년이 있다. '범죄소년'은 14세 이상 19세 미만의 죄를 범한 소년 중 벌금형 이하 또는 보호처분 대상 소년을 말한다. '촉법소년'은 형벌법령에 저촉되는 행위를 한 10세 이상 14세 미만의 소년이다. '우범소년'은 그 성격 또는 환경에 비추어 형벌법령에 저촉되는 행위를 할 우려가 있는 10세 이상 19세 미만의 소년 중 집단으로 몰려다니며 주위에 불안감을 조성하는 성벽(性癖)이 있거나, 정당한 이유없이 가출하거나, 술을 마시고 소란을 피우거나 유해환경에 접하는 성벽(性癖)이 있는 소년을 의미한다.

135

22 해바라기센터는 어떤 곳인가?

나의 답변

모범 답안

해바라기센터는 성폭력피해자통합지원센터이다. 성폭력 · 가정폭력 · 성매매 피해자 대상 365일 24시간 상담지원, 의료지원, 법률 · 수사지원, 심리치료지원 등의 서비스를 통합적으로 제공함으로써 피해자가 폭력 피해로 인한 위기 상황에 대처하고 2차 피해를 방지할 수 있도록 지원하는 기관이다.

출처: 여성가족부 홈페이지 http://www.mogef.go.kr/sp/hrp/sp_hrp_f011.do

23 현재 청소년은 무슨 세대인가?

나의 답변

현재의 청소년들은 Z세대로 불린다. 1997년 이후 태어난 세대로 태어날 때부터 인터넷을 경험한 '디지털 네이티브'다. 2000년 초반 정보기술(IT) 붐과 함께 유년 시절을 보냈다. 2005년 출범한 유튜브와 함께 자라 '유튜브 세대'로도 불린다. TV · 컴퓨터보다는 스마트폰, 텍스트보다 이미지 · 동영상 콘텐츠를 선호한다. 풍족한 환경에서 태어났지만 부모 세대인 X세대가 2000년대 말 금융위기로 경제적 어려움을 겪는 모습을 보고 자랐기 때문에 안정성과 실용성을 추구하는 특징을 보인다.

출처: 한국경제 신문(2018. 10. 15.). 산업화세대→베이비부머→X세대→밀레니얼세대→Z세대…세대별로 성장 배경과 소비 패턴 · 가치관이 모두 다르죠~
https://sgsg.hankyung.com/article/2018101267181

24 피아제의 인지발달이론 중 청소년기에 해당하는 인지발달단계에 대해 설명해 보시오.

[나의 답변]

[모범 답안]

청소년기는 '형식적조작기'에 속한다. 이 단계에서는 구체적이지 않은 사고에 대해서도 체계적으로 가설검증을 할 수 있으며, 추상적인 사고가 가능해진다. 그래서 인생이 무엇인지, 내가 어떤 삶을 살아야 하는지 등에 대한 사고를 할 수 있게 된다.

25 낙인이론이 무엇인지 설명해 보시오.

[나의 답변]

[모범 답안]

낙인이론은 청소년비행을 설명하는 이론 중 하나로, 어떤 사람을 사회 제도나 규범에 따라 낙인찍기 시작하면, 그 사람은 그 낙인으로 인해 올바른 행동을 하기보다는 범죄자가 될 가능성이 높다는 이론을 말한다. 그래서 청소년이 한번 문제를 일으켰다고 해서 계속 문제 청소년으로 낙인을 찍게 되면 이 청소년은 계속 문제를 일으키는 청소년이 될 수 있다.

26 개인적 우화, 상상 속의 청중이 무엇인지 설명해 보시오.

나의 답변

모범 답안

'상상 속의 청중'은 실제가 아닌 상상 속에서 자신이 주인공이 된 무대에 다른 사람들이 청중으로서 자신을 보고 있는 것을 일컫는 말이다. 실제는 주위 사람들이 자신에게 관심을 두고 있지 않으나 청소년 자신이 혼자 그렇게 생각하는 것으로 사람들이 많이 모여 있는 공간을 지나갈 때에는 외모에 신경을 쓰는 모습을 보인다. '개인적 우화'는 개인적으로 꾸며 낸 이야기라는 뜻으로, 청소년들은 자신의 생각이나 정서가 고유하고 특별하기 때문에 아무도 자신의 경험을 이해하지 못할 것이라고 생각하기 쉽다. "다른 사람들은 오토바이를 타고 가다가 사고가 나고 죽을 수 있지만 나는 그렇지 않다."와 같은 생각을 하게 된다.

평 가 항 목	해당사항
1. 청소년지도사로서의 가치관 및 정신자세	
2. 용모 · 예의 · 품행 및 성실성	
3. 의사발표의 정확성 및 논리성	◉
4. 청소년에 관한 전문지식과 그 응용능력	◉
5. 창의력 · 의지력 및 지도력	◉

01 **최근 청소년계의 이슈가 무엇인가?**

(최근 청소년 이슈를 들어 설명하고 원인과 해결책을 말해 보시오.)

나의 답변

모범 답안

- 예시 1 [청소년 마약사범]
- 원인: 청소년들은 스트레스, 호기심, 입시, 취업 등 심리적, 개인적 원인과 사회 · 문화 환경적 원인이 복합적으로 작용하여 마약류에 접근하고 있으며 신종마약류가 보다 강력하고 저렴한 이유로 접근하게 된다.

– 해결책: 첫째, 청소년 신종마약류 단속 시스템을 정비해야 하고, 둘째, 신종마약류 공급자에 대한 엄격한 처벌이 확립되어야 한다. 셋째, 신규 유통경로에 대한 모니터링 및 감시를 강화하고, 넷째, 청소년 마약사범 처우를 강화해야 한다. 다섯째, 청소년 신종마약중독의 예방교육을 강화해야 하며, 마지막으로 이와 같이 제시한 방안들을 효과적이고 집중적으로 운영할 수 있는 제도적 장치와 우리사회의 관심이 전제되어야 한다.

출처: 이무송(2022). 청소년의 신종마약류중독 실태 및 대응방안 연구. 한국중독범죄학회보, 12(2), pp. 35–53.

• 예시 2 [챗GPT와 미래 청소년활동]
챗GPT는 오픈에이아이가 2022년 11월 30일에 공개한 대화형 인공지능이다. GPT는 'Generative Pre-trained Transformer'의 약자로, 이 AI 챗봇은 자연어 생성, 기계 번역, 질의응답, 요약 등의 작업을 수행할 수 있다.

아래 내용은 챗GPT가 미래 청소년활동에 대해 직접 대답한 내용이다.
"미래 청소년활동은 디지털 기술과 자연 친화적인 활동이 조화롭게 결합될 것으로 예상된다. 예를 들어, 가상 현실 기술을 활용한 자연 체험 프로그램, 인공지능을 이용한 학습 지원 서비스, 로봇과 드론을 활용한 새로운 스포츠 등이 등장하고, 인터넷과 모바일 기기가 보편화되면서 온라인으로 가능한 활동들도 더욱 다양해질 것으로 예상된다. 예를 들어, 온라인으로 함께 코딩하거나 미술 작품을 공유하는 등의 활동이 더욱 활발해질 것이다."

출처: 주간한국(2023. 5. 7.) [손연기 칼럼] 챗GPT에게 미래 청소년활동을 묻다
    https://www.hankooki.com/news/articleView.html?idxno=75886

<참고자료>

[미래 청소년활동에서 필요한 능력은 무엇일까?]

"미래 청소년활동에서 필요한 능력은 다양합니다. 그러나 현재 시대의 변화에 대응하고 미래에 대비하기 위해서는 다음과 같은 능력들이 중요할 것으로 예상됩니다.
첫째, 창의적 사고력 = 미래에는 예측 불가능한 새로운 문제들이 발생할 것입니다. 이에 대처하기 위해서는 창의적인 사고력이 필요합니다. 창의성은 다양한 아이디어를 생각하고, 이를 결합하여 새로운 해결책을 찾는 능력입니다.
둘째, 문제해결능력 = 미래에는 새로운 문제들이 발생할 것입니다. 이 문제들을 해결하기 위해서는 문제해결 능력이 필요합니다. 문제를 발견하고 분석하여 새로운 해결책을 찾는 능력입니다.

셋째, 디지털 능력 = 미래에는 디지털 기술이 더욱 발전할 것입니다. 이에 대응하기 위해서는 디지털 능력이 필요합니다. 디지털 능력은 컴퓨터와 프로그래밍, AI, 빅데이터 등과 같은 디지털 기술을 이해하고 활용하는 능력입니다.

넷째, 글로벌 시각 = 미래에는 글로벌 시장과 경쟁하게 될 것입니다. 이에 대비하기 위해서는 글로벌 시각이 필요합니다. 글로벌 시각은 다양한 문화와 언어를 이해하고 존중하는 능력입니다.

다섯째, 협업능력 = 미래에는 다양한 분야의 전문가들과 함께 일할 것입니다. 이에 대응하기 위해서는 협업 능력이 필요합니다. 협업 능력은 타인과 함께 일하며, 서로의 강점을 활용하여 목표를 달성하는 능력입니다.

여섯째, 자기주도학습능력 = 미래에는 빠르게 변화하는 시대에 적응할 필요가 있습니다. 이에 대비하기 위해서는 자기주도학습 능력이 필요합니다. 자기주도학습 능력은 자기 스스로 학습 계획을 세우고 실행하는 능력입니다.

*설명: 한국청소년활동진흥원 손연기 이사장이 직접 챗GPT에게 질문하고 챗GPT가 답한 내용이 실린 신문기사를 발췌하였다.

출처: 주간한국(2023. 5. 7.) [손연기 칼럼] 챗GPT에게 미래 청소년활동을 묻다
　　　https://www.hankooki.com/news/articleView.html?idxno=75886

02 지역사회 내에서 청소년프로그램을 개발한다면 어떤 프로그램을 개발하고 싶은가?

[나의 답변]

· 예시 1

(수원에 살고 있다면) 수원화성에 가서 성을 돌면서 중간 중간 미션을 수행하는 프로그램을 하고 싶다. 미션의 내용은 수원화성에 대한 지식, 그 당시의 역사적인 상황을 이해할 수 있는 퀴즈 등의 형식으로 개발할 것이다.

· 예시 2

(제주에 살고 있다면) 올레길 한 코스를 정하여 청소년들과 함께 걸으면서 해당 코스에 대한 전설을 들려주기도 하고, 그 안에 숲이 있다면 숲에서 특정 식물의 사진을 찍어보게도 하고, 바닷가 주변을 지나게 된다면 거기의 돌을 주워오게 하는 등의 활동을 개발하고 싶다.

03 청소년활동 프로그램을 안전하게 진행하기 위해서 청소년지도사가 해야 할 일은 무엇인가?

나의 답변

_____

_____

_____

_____

_____

_____

모범 답안

청소년활동 프로그램을 시작할 때 안전교육을 의무적으로 시행하는 것으로 알고 있다. 따라서 프로그램 준비과정에서 안전교육자료를 만들고, 프로그램을 시작할 때, 참가 청소년들을 대상으로 안전교육을 실시한다. 또한 프로그램을 실시하고 있는 시설의 비상구 위치를 확인하고, 구급함을 준비하여 비상시를 대비한다. 프로그램 과정 중에는 다른 지도자와 함께 청소년들이 안전하게 잘 참여하고 있는지 주의깊게 살핀다.

04 본인의 마음에 드는 청소년정책은 무엇인가?

나의 답변

모범 답안

제6차 청소년정책 기본계획 때부터 실행되어 온 '청소년 자유공간'이다. 청소년 자유공간은 기존의 자율적으로 이용할 수 있는 공간이 부족한 청소년수련시설 대신 청소년들이 놀이와 휴식을 취할 수 있는 공간을 마련하여 청소년들이 형식이나 틀에 얽매이지 않고 스스로 휴식을 취할 수 있다. 또한 학교를 포함한 지역 내 유휴시설을 활용한다는 점 역시 효율적인 공간활용 차원에서 바람직하다고 생각한다.

참고: 모범 답안은 각자의 의견을 묻는 질문이므로 본 답안은 참고 정도로 하고, 각자 여성가족부에서 현재 시행되고 있는 청소년활동 관련 정책을 찾아보거나 청소년정책 기본계획을 검토해서 개인의 의견을 작성해 보기 바란다.

05 본인이 제안하고 싶은 청소년정책을 말해 보시오.

나의 답변

_____

_____

_____

_____

_____

_____

_____

_____

_____

_____

_____

_____

모범 답안

청소년활동 참여 시간 확보기준과 관련한 정책을 제안하고 싶다. 아무리 여성가족부에서 청소년들을 위한 청소년활동 관련 정책을 개발한다고 하더라도, 현재 학교에 다니고 있는 청소년들은 학교 및 교육부의 방침을 따를 수 밖에 없다. 그렇다면 멋진 청소년수련시설을 건립해서, 양질의 청소년활동 프로그램을 개발한다고 하더라도 학생인 청소년들이 본인의 시간을 내서 마음껏 청소년활동 프로그램에 참여해서 자신의 기량을 펼칠 수는 없을 것이다. 따라서 여성가족부와 교육부 간에 실질적인 MOU를 체결하여 청소년들의 균형있는 성장과 발달을 위하여 청소년활동에 참여할 수 있는 시간을 확보하도록 해야 한다. (예: 주 1시간, 1개월 10시간)

06 학교 교사와 청소년지도사의 차이점을 말해 보시오.

나의 답변

모범 답안

학교 교사와 청소년지도사는 모두 청소년을 지도하고 있다는 공통점을 지니고 있으나 몇 가지 점에서 차이점을 지닌다. 우선 대상에 있어서, 학교 교사는 학생 신분인 청소년(초·중·고교생)들을 담당하며, 청소년지도사는 청소년 연령대에 있는 모든 청소년(9~24세)을 담당한다는 차이가 있다. 다음으로, 청소년을 지도하는 내용에 있어서, 학교 교사는 지적인 발달에 해당하는 내용을 중심으로 지식을 전달하는 일을 주로 담당하지만, 청소년지도사는 청소년들의 조화로운 성장을 위해 (지적인 발달을 위한 프로그램도 운영하지만) 인성발달을 위한 프로그램과 청소년들의 재능을 발견할 수 있는 프로그램을 실행하는 일을 담당한다.

07 프로그램 중에 방해하거나 규칙을 지키지 않는 청소년이 있을 경우 어떻게 할 것인가?

> 나의 답변

───

───

───

> 모범 답안

우선, 프로그램의 규칙을 지키지 않는다면 규칙을 다시 한번 알려 주고, 규칙을 지켜야 한다고 전달할 것이다. 만약 그렇게 해도 잘 지켜지지 않고 계속 방해하게 된다면, 프로그램 중에는 참여하는 다른 청소년들의 주의집중을 방해해서는 안 되므로 보조 지도자를 통해 해당 청소년을 별도의 공간으로 불러 내어 타이르게 할 것이다.

08 야외활동을 하지 않으려는 청소년을 어떻게 지도할 것인가?

> 나의 답변

───

───

───

> 모범 답안

우선, 해당 활동이 야외활동이므로 그 청소년을 설득하여 함께 참여하도록 할 것이다. 그러나 만약 설득을 해도 끝까지 참여를 거부한다면, 참여하지 않도록 하는 것이 맞다고 본다. 청소년 수련활동의 개념에 안에 '자발성'이 포함되는 것인데, 만약 억지로 활동에 참여하게 된다면 본인에게도 해가 될 뿐만 아니라 다른 참여 청소년들에게 방해가 될 수 있기 때문이다. 다만, 참여하지 않는 청소년은 다른 지도자를 통해 대체할 만한 프로그램을 안내하면 좋을 것이다.

09 4차 산업혁명에 따른 청소년지도방법은 무엇인가?

나의 답변

모범 답안

첫째, 4차산업혁명시대의 인재상인 창의적, 융합적 사고, 복합적 문제해결능력 및 협업능력을 갖춘 사람들에 부합하기 위해 청소년활동 프로그램도 청소년들이 기획 단계부터 실행, 평가에 이르기까지 전 과정에 걸쳐 청소년들이 자기주도적으로 참여할 수 있도록 획기적으로 바꾸는 것을 고려할 필요가 있다.

둘째, 지능정보기술이 많이 보급된 4차산업혁명시대에서 인간과 지능정보기술간의 이성적, 감성적 상호작용이 증대하고 인간과 인간간의 이성적, 감성적 상호작용이 줄어들면 어떠한 문제가 발생할 수 있는지에 대해 알려 주고, 지능정보기술 중 인공지능 비서가 많이 보급되어 인공지능 비서의 역할이 증대된 상황을 염두에 둔 상태에서 인간과 인간 간의 감성에 기초한 정서적 상호작용을 어떻게 하면 높일 것인지를 프로그램을 개발하여 실행할 필요가 있다.

셋째, 향후 지능정보기술 중 블록체인 기술이 확산됨에 따라 전자투표 등 현재 대의민주주의에 직접민주주의적 요소가 더 강화된 형태로 정치체계가 변화되는 상황이 올 수 있을 것이며, 따라서 청소년들의 소통합리성에 기반한 시민사회역량을 강화할 수 있도록 프로그램을 개발해야 한다.

넷째, 4차산업혁명시대의 급격히 변화하는 고용환경, 직무환경, 직업구조 등에 청소년들이 유연하게 대처하여 자신의 진로개발을 성공적으로 성취하기 위해서는 청소년활동시설의 진로교육 부문에서 진로 탄력성의 강화가 중요한다. 이를 위해 기존에 수행 중인 진로체험 교육 프로그램에 진로 탄력성 관련 내용을 강화해야 한다.

다섯째, 빅데이터 확보로 인한 개인정보침해의 문제나 비인간적인 살인무기 등장의 가능성, 인간과 로봇의 상호공존으로 인한 인간소외문제 등 4차산업혁명이 초래할 다양한 윤리적인 문제에 대해 청소년들이 충분히 고민할 수 있는 기회를 만들어줘야 할 것이다.

참고: 위 내용을 모두 숙지하지 않더라도 2가지 정도는 알고 있어야 한다.

출처: 이경상, 이창호, 김민(2018). 제4차 산업혁명시대 대비 청소년활동정책 전략 연구. 세종: 한국청소년정책연구원.

엮은이 소개

(사)청소년과 미래

사단법인 청소년과 미래는 청소년과 청소년지도사(자)들을 위한 사업 (교육, 프로그램, 연구, 교재개발 등)을 수행하는 기관입니다. 본 법인 은 지역사회 청소년의 균형 있는 성장 및 청소년지도사(자)의 역량개 발을 위해 지역의 청소년들을 위한 양질의 프로그램 및 교육을 실시하 고, 청소년지도사(자)의 역량강화 사업을 시행하여 우리 지역 청소년 들을 가정·학교·사회의 바람직한 구성원으로 성장할 수 있도록 하 는 데에 그 목적을 두고 있습니다. 청소년 회원들은 물론 청소년지도 사 회원들을 중심으로 구성된 단체로, 청소년활동 현장과 학계에서 활 동하고 있습니다. 또한 청소년지도의 전문성을 구축하여 청소년들을 지도하기 위한 프로그램을 개발·운영함은 물론 청소년지도사(자)들 의 역량을 개발하기 위해 역량강화 아카데미, 청소년학 관련 교재개발 및 연구, 청소년프로그램 매뉴얼 개발, 청소년지도사 인문학 모임 등 을 운영하고 있습니다.

합격의 지름길
청소년지도사
면접시험 2·3급

2023년 11월 1일 1판 1쇄 인쇄
2023년 11월 10일 1판 1쇄 발행

엮은이 • (사)청소년과 미래
펴낸이 • 김진환
펴낸곳 • ㈜**학지사**

　　　　04031 서울특별시 마포구 양화로 15길 20 마인드월드빌딩

대표전화 • 02-330-5114　　팩스 • 02-324-2345
등록번호 • 제313-2006-000265호

홈페이지 • http://www.hakjisa.co.kr
인스타그램 • https://www.instagram.com/hakjisabook

ISBN 978-89-997-3008-5　93370

정가 15,000원

출판미디어기업 **학지사**

간호보건의학출판 **학지사메디컬** www.hakjisamd.co.kr
심리검사연구소 **인싸이트** www.inpsyt.co.kr
학술논문서비스 **뉴논문** www.newnonmun.com
교육연수원 **카운피아** www.counpia.com